COLECCION DE BOLSILLO
NUM. 96 AÑO 1988

PUBLICACIONES DE LA
UNIVERSIDAD DE SEVILLA

A Chano García Díaz,
más que amigo

"Hay destinos humanos ligados con un lugar o con un paisaje"

L. Cernuda: OCNOS

INDICE

I

EXPLICACION

◇◇

No sabemos si las páginas que siguen responden a algunas de las acepciones de la palabra *guía*, pero nuestra intención no es la de conducir, informar o explicar. Menos, por supuesto, aspiramos guiar al pecador contra Sevilla, ni al forastero en Sevilla. Y, ni que decir tiene, que no hablaremos de cosas secretas.

¿Qué títulos nos avalan para ser guía por Sevilla? Ningunos. Por eso, definitivamente, esto no es una guía. El título es una argucia.

Tampoco es una antología de "curiosidades antiguas" o de "cosas nuevas y viejas" al modo de José Gestoso y Manuel Chaves. Ni constituye su objetivo realizar interpretaciones u ofrecer "otra" versión más de la ciudad.

Pretenden ser estos renglones unos paseos por la Sevilla de siempre resaltando el protagonismo que tuvo o tiene un determinado lugar, un edificio, una obra de arte, al tiempo que evocamos sus vinculaciones con sucesos y personajes. Recrear el pasado en el escenario actual. Enlazar sitios, edificaciones y personajes históricos con el presente para hacerlos más nuestros. Luz, color y urbanismo —no lo olvide— son componentes claves en el "un no se qué", que la ciudad posee. Con ellos y por ellos ha de discurrir nuestro deambular. Queremos lo que ya escribimos en otra parte: poseer más intensamente a la ciudad para lo cual se impone un mayor conocimiento de ella.

Contienen las páginas que siguen algo de lo que contaríamos a nuestros hijos puestos a introducirlos en el conocimiento y amor a la ciudad.

Diciembre 1986,
Febrero 1987.

II

SEVILLA PARA HERIR

◇◇

Si tomásemos a la lírica como Guía de Sevilla comprobaríamos que *la ciudad en sí*, con unos u otros adjetivos, es lo que más nos muestran los guías poetas. Y con la ciudad en general el Río y la Giralda, dos caracterizaciones de la urbe consideradas símbolos. Son la ciudad misma. Sin el Río y la Giralda, Sevilla no sería Sevilla; la Torre es única, carece de parangón; en cuanto al Río da la sensación que nace y muere en Sevilla. La ciudad con el afán posesivo de mujer frenéticamente enamorada se ha hecho con la Torre y con el Río, consciente de que sin el Río y sin la Torre no sería ella.

No hay un río en el mundo, escribía Juan Ramón Jiménez, que tenga un nombre más fluvial, más licuoso, que el Guadalquivir. "La *G* está escrita en la sierra, entre aldelfares, y la *R* se abre y se cierra en Sanlúcar y se prende en la *M* de mar Atlántico". Miguel Hernández le pide en una hora dramática de España al río que espere... cuando ya García Lorca había afirmado que "Para los barcos de vela Sevilla tiene un camino..." El río. Un río que "va entre naranjos y olivos", y al cual Federico le adapta una letrilla de Lope cantándolo jacarandosamente:

> "Ay río de Sevilla,
> que bien pareces
> lleno de velas blancas
> y ramas verdes".

Es un río alegre, poético que, sin embargo, puede tornarse torvo y peligroso trayendo el terror incluso al mismo Lorca una noche inolvidable del año 27. El río crecido, capaz de inundar a la urbe, ahogándola:

> "Sevilla, ponte de pie
> para no ahogarte en el río".

"Ciudad del río", el río por excelencia, la llama Miguel Hernández. El Río es la coordenada horizontal en el intento de situar-describir a la ciudad; y la Giralda es la coordenada vertical; "la Giralda ingrávida, transparente —menos aún o más que de cristal—" en la prosa del poeta de Moguer. Torre enjaezada en la apreciación del poeta de Granada. La elegancia, la transparencia, la alegría de la Torre Mayor definen el rostro urbano. Si el Guadalquivir es *el Río* por antonomasia, la Giralda es *la Torre* por excelencia. Río y Torre son Sevilla al fusionarse con ella:

> "Sevilla es una torre
> llena de arqueros finos".

canta Lorca. Y Juan Ramón, que la llama por su nombre, la lisonjea cortejándola bonita, alegre, fina, rubia, inefable...

"Inefable Giralda,
gracia e intelijencia, tallo libre
—¡Oh palmera de luz!,
¡parece que se mece, al viento, el cielo—
del cielo inmenso, el cielo
que sobre si —sobre ella— tiene,
fronda inefable, el paraiso!

Bonita, alegre, fina rubia, inefable... Adjetivos para una torre que bien sirvieran para una ciudad. Amorosa, esbelta, cristiana... Adjetivos para una ciudad, que bien sirvieran para una torre. Adjetivos de Miguel Hernández que llamó a Sevilla ciudad de manzanilla, ciudad del río, ciudad del toro, ciudad del ala,... eterna y airosa ciudad, ciudad de los muchachos...

"Amorosa ciudad, la ciudad más esbelta,
que encima de una torre llevas puesto.
Sevilla".

Más requiebros que los del agónico Miguel Hernández no cabe hacerle a la ciudad "A Sevilla le echo los requiebros que te echo a tí..." canta Juan Ramón. Requiebros para una ciudad amasada de y con ellos, y que de ellos vive. Sevilla inundada, fantásticamente inundada por todas las golondrinas del mundo en la imaginación de Juan Ramón; golondrinas que vuelan en un girón de niebla flotante sobre la ciudad que es el alma de Bécquer. Sevilla Roma andaluza. "Sevilla para herir/Córdoba para morir" en la visión lorquiana. Sevilla hiere. Como hiere cada hora. Sevilla hiere a quien llega a ella y a quien en ella vive. Las heridas producen dolor, hacen sufrir. Sevilla hiere y duele.

Sevilla para vivir. "Ver Nápoles y a morir, dicen los napolitanos; y dicen los sevillanos, ver Sevilla y a vivir". Vivir herido de Sevilla.

Pedro Salinas sintió que la copla triste de Sevilla se afirmaba con el cielo gris. Verdad. Y la llamó "guerrera mala", queriendo saber por qué cada tarde lo hería con el rebrillo de sus espadañas. Otro herido de Sevilla.

Quizá tu, lector, quedas herido desde ahora por la ciudad. En tal caso repite con Lorca, "Sevilla para herir"; repite con Salinas, "¡Ay Sevilla, Sevilla,/quiéreme por amigo"; repite con Juan Ramón, "¡Sevilla, ciudad tuya/ciudad mía!".

Hagamos el intento de ponerle a estos versos ditirámbicos de los poetas, poetas no sevillanos, el envés de los desdenes. Y mejor si son de voces de dentro. Recurramos a dos sensibilidades que asociamos siempre, quizá porque uno se hizo llamar *Vandalio* y el otro *Albanio*; tal vez porque ambos murieron en México. De sus plumas e inspiración brotaron sendas joyas literarias mas que suficientes para alcanzar la fama: un breve y delicado madrigal en el caso de Gutierre de Cetina, un librito visión extraordinaria de la ciudad en el caso de Luis Cernuda. Vandalio y Albanio se mostraron duros con la Sevilla en la cual nacieron; pero este es otro cantar...

III

DE LOS NOMBRES DE LA CIUDAD

◇◇

Hoy la ciudad se llama Sevilla, pero antes tuvo otros cuatro nombres: *Hispalis, Colonia Julia Rómula Hispalis, Spalis* e *Išbīliya*. Rodrigo Caro advierte que "El nombre de Sevilla no es uno, sino muchos, como los suelen tener las cosas grandes"; y se enfrasca en una serie de indagaciones filológicas que, al final, no aclaran nada. Y es que la ciudad se asemeja a otras grandes poblaciones, incluso en lo del origen de su nombre "pues es cierto no se hallarán en todos los orígenes de ciudades de España, tantos desvelos, y opiniones, comenzando todos de su etimología".

¿Cuándo nació la ciudad? ¿Dónde surgió? ¿Quienes fueron sus padres? ¿Cómo la bautizaron?

Nace la ciudad en el siglo VIII antes de Cristo, en un cabezo que iba del barrio de Santa Cruz a San Isidoro. La fundan habitantes de los alcores —Aljarafe— que habían observado como este mogote permanecía seco al inundarse todo el valle por las crecidas del río. Era aquella altura, a un costado del río, el mejor lugar para establecer un puerto hasta el que subieran los fenicios buscando las riquezas del interior. Sus barcos aprovechan las mareas para ascender y descender.

El nombre del poblado, no existiendo ritual de fundación tal como usarán los romanos, surgió más tarde, derivado de alguna característica o vinculación de la aldehuela acurrucada en una encrucijada fluvial.

San Isidoro en sus *Etimologías* propondrá un origen latino, *his palis*, en clara alusión a las edificaciones alzadas sobre estacas clavadas en el suelo. Etimología fantástica, aunque responde a la realidad del terreno pantanoso. Rodrigo Caro desecha tal tesis del "señor San Isidoro" porque ni fueron itálicos sus fundadores ni noticias se tenía por estos del latín. Luis de Peraza en el siglo XVI no tiene reparos en afirmar que *Hispalis no procede de los hispalos* o nobles que acompañaron a Hércules el fundador, sino de Hispalis el único hijo de Hércules el egipcio verdadero fundador de la urbe. Arias Montano inferirá que procede de *Spala*, Spila, con significado de llanura o campo verde en lengua fenicia. Más curioso lo que dice el moro Rassis: "Cuando Hércules pobló a Sevilla, púsole nombre Isla de Palos; y después a grandes tiempos pusiéronle Sevilla, que quiere decir adivina".

Quien sienta placer sumergiéndose en similares y extraordinarios argumentos etimológicos no tiene que hacer otra cosa que abrir por la primera página las *Antigüedades y principado de la ilustrísima ciudad de Sevilla...* de Rodrigo Caro. Al final, es posible que no saque nada en limpio, o que admita que del fenicio *Spal brotó por influencias latinas Hispalis* con sus variantes Hispal, Ispalis, Ispali, Spalis, del cual, de Hispalis, por influencias árabes salió *Išbīliya*, antecesor de *Sevilla*.

La presencia cartaginesa marca el final de *Hispalis*, y la presencia de los romanos el nacimiento de *Colonia Julia Rómula* de San Isidoro, que adjudica a Julio César la fundación. La denominó Julia para perpetuar su nombre, Rómula o pequeña Roma por el de la urbe por excelencia... e Hispalis por estar edificada sobre estacas. Aquí ya ha comenzado la leyenda.

Los vándalos silingos irrumpen sobre la leyenda y sobre la ciudad en el 426 después de Cristo. Entre la ciudad romana y la islámica discurre la visigoda *Spalis*, un tanto en penumbras.

El cuarto nombre lo adopta o se lo imponen a la ciudad cuando lleva 1.600 años de vida. Otra irrupción violenta proveniente ahora del sur cambia la titularidad de los dueños y moradores. Las decadentes autoridades visigodas se rinden ante el musulmán Tariq b. Ziyad en el 711 d.C. Ha nacido *Išbīliya* origen de Sevilla, el quinto nombre que Rodrigo Caro hace proceder de Hispalis. De Hispalis, afirma, los mahometanos dijeron *Ixbilla*. No andaba muy descaminado. Los árabes suavizaron la p dc Híspalis y la convirtieron en *Isbalis*, que, cariñosamente se transformó en Isbaliyya, de donde viene el popular *Siviliyya, Seviyiya*...

IV

HERCULES ME FUNDO

◇◇

Curiosamente el mogote sobre el que los turdetanos del siglo VIII a.C. fundaron la ciudad de Sevilla, coincide con el lugar donde "la común opinión y tradición de tiempos antiquísimos heredada" dice que el Hércules fundador hincó seis columnas de piedra pardilla de un extraño grandor. Arqueología y leyenda coinciden en cuanto al lugar, que no en cuanto a los responsables de la fundación. Lástima, además, que otros sabios hayan venido a contarnos que los tres "Mármoles" de la cernudiana calle Aire, hermanos de los dos de la Alameda de Hércules y del que se rompió al trasladarlo al Alcázar, pertenecieron al pórtico de un templo construido en el siglo II d.C. o, concretamente, en tiempos de Adriano (117-138 d.C.).

Resultaba más hermoso que todo esto el imaginar al héroe mitológico clavando los seis monolitos tras vencer a Gerion o a los Geriones. Basta comprobarlo plásticamente: donde el Hércules moribundo de Zurbarán (Museo del Prado) empuña la túnica empozoñada del Centauro Neso, coloquemos una columna... Es el cuadro de la fundación de Sevilla.

La leyenda o el mito rodea el origen, la vida y la muerte de algunas personas y ciudades. Rodrigo Caro confiesa que no sabe si fue grandeza de ánimo o desvanecimiento (presunción) de los griegos y romanos pretender que su origen estaba en una deidad. Idéntica lisonja usaron al imaginar que Atenas y Roma habían sido fundadas por Minerva y Marte. Igual ha acontecido con las demás ciudades ilustres del mundo. Por eso los sevillanos, considerando que su ciudad competía con las más notables, le han dado un origen divino cuando afirman que Hércules la fundó. Opinión admitida por el vulgo, que no sólo los doctores la saben, sino también los rudos. Palabras todas de Rodrigo Caro. Pero ¿Cuál Hércules?

Hubo cuarenta y tres Hércules, y dos de ellos vinieron a España: el egipcio y, mil años más tarde, el tebano. El primero, Rodrigo Caro *dixit*, mató a los Geriones; el segundo, murió en Cádiz. La prosa de Caro se complica y torna farragosa citando a unos y a otros autores para, al final, desechar la fundación del héroe mitológico. Cosa que no había hecho en el siglo anterior el cronista Luis de Peraza; pero este sostiene que el fundador fue Hércules Egipcio el Tebano, varon virtuoso, enemigo de traidores e hijo de Osiris, y no Hércules Alceo o Greciano, ladrón y pirata. Peraza habla de dos Hércules aunque el primero lo forma con el egipcio y el tebano... Morgado, poco después, se inclina también por el Hércules egipcio, que vino a España buscando a los tres hermanos Gerión cómplices en la muerte de su padre Osiris. Tras matarlos, tuvo Hércules deseos de ver la Bética, famosa por su fertilidad y riqueza, y tanto le agradó, que a orillas del Betis fundó una ciudad. Y si no la fundó, dejó levantadas seis columnas indicando el sitio...

¿Egipcio o griego? ¿A matar a los Geriones o a Gerión? ¿A vengar la muete de su padre o a robar unos bueyes?

No es posible Roma sin el mito de Remo, Rómulo y la loba. No es posible Sevilla sin el mito de Hércules. De siempre lo cantó el pueblo:

> "Grandes años son pasados,
> que Hércules me edificó:
> de los wándalos honrados,
> de los godos muy preciados
> mas querida me era yo".

Hércules me edificó. El Heracles griego. El hijo de Zeus (Júpiter) o de Osiris. E. que quiere sentarse entre los dioses. Cansado de vengar a los asesinos de su padre Osiris; o fatigado de matar, robar, capturar, cazar, limpiar... Limpiar establos; cazar jabalíes y ciervas; capturar el Minotauro, los caballos de Diomedes y el infernal can Cerbero; robar manzanas de oro, cinturones de amazonas y los bueyes rojos de Gerión... un gigante de triple cuerpo que cuidaba sus ganados con un perro de tres cabezas y reinaba cerca de Cádiz... La mitología clásica no llega más lejos, pero la "común opinión y tradición" sevillana lo supone alzando la ciudad después de tan prodigiosos y arduos trabajos. Venciendo a la hidra de Lerna lo representa el grabado de Mal-Lara, y ataviado y revestido con la piel del león de Nemea y la contundente maza lo vemos en una hornacina exterior del Ayuntamiento hispalense y presidiendo los aires de la Alameda de Hércules. También hubo una Puerta de Hércules o *Hércoles*, que el pueblo suavizó y apocopó convirtiéndolo en *Goles*, más tarde llamada Puerta Real. Cosas del siglo XVI.

El Hércules sobremontado en tremenda columna de la Alameda de su nombre es el monumento que la ciudad erigió en el Quinientos a su fundador, símbolo de ese paganismos soterrado que subyace en el alma del sevillano. Lo erigió el asistente Francisco de Zapata, conde de Barajas, allá por 1574-78. Glocemos a Morgado manteniendo en lo posible el sabor de su vieja prosa. De antiguos tiempos tuvo Sevilla una yerma, solitaria y gran plaza llamada Laguna porque en ella desaguaban canales de los barrios circunvecinos. El inmenso embalse que se formaba comunicaba con el río a través de un husillo, siendo normal en las crecidas del Guadalquivir que el volumen de la Laguna aumentara y los carros y barcas anduvieran por ella para el uso y pasaje de la vecindad (El autor de esta Guía conserva mimosamente una desvaida foto de los años cuarenta montado en un carro que le lleva a la cercana calle Cantabria por un urbanismo totalmente anegado). Aquella "alaguna", que en invierno se convertía en un pantanal y en el verano en un bosque de hierbas y malvas más altas que un hombre, se transfiguró en una bella Alameda que contó con trasuntos en Lima y México. El milagro consistió en limpiar y escombrar la laguna; luego se le abrieron dos hondos canales en ambas bandas para su desagüe al río a través del antiguo husillo, y se plantaron cuatro hileras de álamos, alisos, naranjos, cipreses y paraisos, quedando una calle central con tres fuentes de mármol y jaspe alimentadas por el viejo venero del Arzobispo. Agua de singular regalo. No se redujo a esto el cambio urbano de la Laguna, sino que "para ilustrar Sevilla esta obra de su mano, hizo traer... con otras hercúleas fuerzas, dos columnas de aquellas seis, que se dijo" había dejado el Hércules fundador, y las levantó en el extremo sur de las hileras centrales de árboles, rematándolas con la "figura del dicho Hércules, primero fundador de Sevilla. Y encima de otra la de Julio César, que con cercas y nuevos edificios la ilustró y renovó". El autor de ellas: Diego de Pesquera, el mismo que hizo el Mercurio del gran estanque del Alcázar. Doscientos años más tarde (1764) se erigieron las columnas del extremo norte coronadas con leones que sustentan los escudos de Castilla-León y de la ciudad.

Lo que fuera aquel paseo del XVI al XVIII es posible adivinarlo a través de un pequeño óleo que se conserva en la Hispanic Society of America (Nueva York), y en un azulejo del monasterio-museo de la Encarnación de Osuna. Los árboles son notables personajes en ambas visiones. Y es que "los árboles hallaron tan buena disposición... que en poco tiempo se levantaron a mucho vicio y altura, tan copiosos y entretejidos en sus ramos, que ya por lo alto no se diferencian los unos de los otros". Damas, caballeros, parejas y religiosos pasean, conversan, o juegan a las armas; unos mozos llenan ánforas en las fuentes; mientras un burro recibe los golpes de un gañán y un ingenio de rueda soporta y transporta unos cántaros. No faltan tres perros, un jinete y unas tapadas. Todo es apacible, relajante. Muy siglo XVIII, muy clásico, muy a tono con Julio César. Pero la ilustrada imagen con el tiempo amarilleó o tomó colores sensuales, con predominio de los tonos lujuriosos.

La Alameda, primero, dejó de ser Venecia; después abandonó su condición de remedo de los Campos Elíseos y la gente bien se alejó de ella. Fue escenario para el pueblo en el XIX que "una tarde, a la Alameda/, otra tarde al Arenal" se distraía paseando según la *Lira Andaluza* del duque de Rivas. Hasta que, emanando del héroe fundador, una atmósfera de paganismo cubrió su recinto y lo convirtió en el jardín para el amor de la carne entusiasmada. Fueron famosas las noches de la Alameda. Algún día Hércules y Julio César escribirán sus Memorias y nos dirán la verdad de la fundación, con un sabroso capítulo final: Biografía de la Alameda.

V

TRES SANTOS EN UN ESCUDO

◇◇

Sevilla se mueve entre Vírgenes y Reyes, mostrando especial predilección por una Virgen y por un Rey que entraron juntos en la ciudad un otoño del siglo XIII. Ambos permanecen en la Catedral; la Virgen, por quien los reyes reinan, para salir cada agosto en un amanecer glorioso; el rey, conquistador de la ciudad, para mostrar sus despojos incorruptos cada mayo y noviembre.

Hemos llegado hasta la Capilla Real del templo metropolitano y nos hemos detenido a evocar una historia de vírgenes y reyes. Por un friso rojo oscuro que discurre sobre el retablo del altar, unas palabras de plata y en latín rezan: *Per me reges regnant*. Lo afirma la Patrona de Sevilla y de la Archidiócesis con una expresión románicamente hierática que contrasta con la gótica sonrisa de un niño sentado sobre sus rodillas. Nos miran y miran el remate de la colosal reja en el que San Fernando recibe las llaves de la ciudad del rey moro Axataf.

Un compendio de historia sevillana nos envuelve. Historia política, religiosa y artística. Diversas imágenes rodean a la Virgen de los Reyes; y otras figuras regias acompañan a San Fernando yacente en rica urna de plata a los pies de la Señora. Dentro de hornacinas abiertas en los paños laterales del ábside hacen cortejo Justa, Rufina, Leandro, Isidoro, y en el altar en la cripta, la Virgen de las Batallas compañera inseparable del Santo Rey. A los pies del presbiterio los restos del "más leal, el más verdadero, el más franco, el más esforzado, el más apuesto, el más granado, el más sofrido, el más homildoso, el que más temía a Dios" de los hombres, conquistador de Sevilla, a quien acompañan su mujer e hijo, Beatriz de Suabia y Alfonso X, en sepulcros laterales de la capilla y Pedro el Cruel y María de Padilla en la cripta.

Cada año Sevilla se rinde amorosa y venerable ante la Virgen y el Rey, reencarnando la rendición de 1248. Y nosotros, sentados en la Capilla Real, más de 700 años después, evocamos aquel día.

Apostado en Alcalá, el Rey Santo despliega sus ojos por la llanura rumbo a una Sevilla soñada, apetecida y cercana. Lleva más de 20 años reconquistando Andalucía, y dos asediando a Sevilla. Guerreros de todas partes se han dado cita para ser actores y testigos de un cerco y de un final que se juzga grandioso. Las gestas heróicas se suceden de uno y otro lado, destacando las del cristiano Garcia Pérez de Vargas. Los sitiados anuncian que van a destruir la mezquita y su alminar, y los sitiadores amenazan con represalias tremendas. La armada de Bonifaz, organizada en las cántabras villas de Castro, Santander, Laredo y San Vicente de la Barquera, asciende por el Guadalquivir, allana todo obstáculo y rompe el puente de barcas, sustrayéndole a los sitiados el nutricio Aljarafe. La suerte está echada y las horas contadas. Hambre y calor se alían a unos y otros. Del sur no llegan ayudas como otras veces. Hay que capitular. El 23 de noviembre de 1248 la enseña real castellana ondeó en el Alcázar. Todos los plazos se habían cumplido. La cuna de San Isidoro retornaba al seno cristiano a los 537 años. El 22 de diciembre entraba San Fernando en la ciudad; en el arzón real pendía una Virgen de marfil... y delante de la comitiva, en una carroza, marchaba la Virgen de los Reyes. El valí entregó al vencedor las llaves de la ciudad; en una de ellas se leía: "Permita Dios que sea eterno el imperio del Islam". El derrotado salía por el Postigo del Aceite y algunos le oyeron decir que "Solo un santo ha podido vencerte o apoderarse de ti", Sevilla. "Asi fue esta una de las más altas conquistas que en el mundo se fizieron", sentenció el futuro Alfonso X, testigo del acontecimiento.

Cuando el Concejo hispalense propuso, a imitación de Toledo, poner al rey Fernando III en su escudo, el soberano no lo consintió, por lo cual el Ayuntamiento colocó un trono vacío. Fallecido el rey santo, y desde principios del siglo XIV, San Fernando figura en los sellos del Cabildo secular en unión de los santos arzobispos Leandro e Isidoro. Faltaba aún un elemento para completar el escudo, que vendría de la mano y el corazón del hijo de San Fernando, Alfonso X, el que hizo de Sevilla una corte, completó el repartimiento, dió privilegios y riquezas a su Consejo y a su Iglesia, fundó Estudios, concedió Ferias, alzó el templo de Santa Ana y las Atarazanas, cedió tres mezquitas a los judíos para sinagogas, compuso Cantigas en el Alcázar, regaló el original del libro "Cantares de los loores de Santa María" y el relicario de las Tablas Alfonsíes a la Catedral y quiso "esperar la muerte en la ciudad que le mantuvo toda buena lealtad" (Morgado). Por eso, una tardía tradición, tal vez del siglo

XVII, asegura que cuando todos le abandonaron, incluso su hijo, y porque Sevilla le pagó con amor y lealtad, el rey, agradecido a su vez, eternizó el gesto de la ciudad con el famoso "Sevilla NO-madeja-DO". Sevilla no m'a dexado, con un verbo que en el siglo XIII se decía *lexar*. Imposible la madeja. Así son de severos los filólogos.

La emblemática del Consejo hispalense se perfeccionó con este símbolo de la fidelidad sevillana... Si los santos del escudo, cansados de estar sedentes, desaparecieran llevándose sus sillones y únicamente permanecieran la corona real, los dos báculos y la madeja, el significado heráldico persistiría, quizá mucho más encajado dentro de las normas de la Heráldica que exige lo escueto y breve. Pero los Santos han optado por no moverse, sentados como la Virgen de los Reyes, avizorando el acontecer de la urbe. Sufriendo y gozando con ella, sin envejecer, como ella. San Fernando, el valor; San Leandro, la santidad; San Isidoro, la sabiduría y en la punta el "No me ha dejado" del apego sevillano al rey Sabio. Todo un firme programa de vida: valor, santidad, sabiduría y fidelidad. Fidelidad al pasado. Un programa para encarar el futuro sin báculos, que al decir de San Isidoro en sus *Etimologías*, toman su nombre de Baco, su inventor, que lo ideó para los que bebían demasiado y no podían sostenerse...

VI

CONVERSACIONES CON LAS ESTATUAS

◇◇

Esto de conversar con las estatuas lo hace mucha gente. Hablar para interrogarles sobre las vidas de los representados, como fue su época, porqué están allí, cual es la historia del ámbito urbano que ellas señorean... Deambulando por Sevilla podemos encontrarnos con una veintena de seres en piedra o bronce; a pie, sentados o cabalgando; reducidos a bustos o enteros; masculinos o femeninos; sevillanos y forasteros...

En ese andar perdiéndose que hemos de sugerir, el paseante se tropezará con múltiples ciudadanos, de diversas condiciones, dispuestos a sacarle de dudas urbanas. Con facilidad le encaminará a calles que encierran la misma esencia de la ciudad. Pero es posible que a veces ellos no sepan introducirlos en el conocimiento de ciertos personajes que, por su mudez, tampoco están en condiciones de presentarse y explicar quienes son y que hacen allí. Seis de estas notabilidades carecen de vinculaciones con la ciudad: el Cid,

Sorolla, Castelar, Fleming, Dante y Bolívar. El Cíd, reducido a "*el caballo*" por los sevillanos, cabalga entre la Universidad y el Parque de María Luisa. Sorolla y Dante andan perdidos en este parque. El Libertador, que mas parece un banderillero en el instante de su suerte, se encamina desde los bordes del mismo parque a, paradoja, el pabellón de la Argentina de donde debiera estar partiendo San Martín. Castelar en los Jardines de Cristina y el Dr. Fleming en la explanada frontera al Hospital de las Cinco Llagas son dos mudos bustos que suscripciones populares financiaron. Cinco mujeres (la fuente a Catalina de Ribera no es estatua) sirven para testimoniar la devoción femenina de la ciudad: la Inmaculada, en la Plaza del Triunfo; la infanta María Luisa en su parque; Sor Angela de la Cruz a la sombra de la torre de San Pedro; Carmen de cara a la Plaza de Toros; y la Niña de los Peines en la Alameda.

Por los cielos, como la Inmaculada, andan los míticos fundadores: Hércules y Julio César, haciendo equilibrio en la Alameda. Más en tierra, el reconquistador de la ciudad, San Fernando. Reposado, sin gesto alguno de violencia, el rey santo montado en caballo mansurrón se dirige hacia el Ayuntamiento desde el centro de la Plaza Nueva, cementerio que fue de los alfareros en la época musulmana. A partir de 1852 la plaza ocupa el solar del famoso convento de San Francisco derruido en la década de 1840. El arte de Joaquín Bilbao, Juan Talavera, Pérez Comendador, José Laffita, Adolfo López y Sánchez Cid, puestos de acuerdo, originan un monumento sumiso, sin movimiento, todo lo opuesto al dinamismo de los equinos cidiano y bolivariano...

Pero... Se trataba de conversar, no de describir. Parlotear con Colón, Rodrigo de Triana, Las Casas,

Elcano, Maese Rodrigo, Cervantes... Daríamos cualquier cosa por un debate entre Cristóbal Colón y el inexistente Rodrigo de Triana, realmente llamado Juan Rodríguez Bermejo. ¿Quién vio la lucecita o la tierra americana primero? Sería sorprendente una charla con Colón, Isabel y Fernando en los medallones de Lorenzo Coullaut Valera de los Jardines de Catalina de Ribera. Y traer a la tertulia en torno al conjunto monumental de Juan Talavera, al Las Casas de la balaustrada del Palacio de San Telmo o el de Chapina y al Elcano del Paseo de Las Delicias. Carear a los Reyes con el marino genovés y oír de labios de este la verdad sobre "su secreto"; y darle la palabra a Las Casas glosador de escritos colombinos para que haga escuchar sus defensas y ataques, mientras Elcano nos ofrece las vivencias habidas en unión de Magallanes que sirvieron treinta años después que Colón para culminar el proyecto de este. Buscaríamos también a Maese Rodrigo Fernández de Santaella, preterido en una esquina del Alma Mater Hispalense de la que fue fundador, para que nos exponga su oposición a las ideas colombinas y los juicios que le merece el Libro de Marco Polo, que él tradujo al castellano. Acercarnos a través de estas mentalidades al primer cuarto del Quinientos testigo de una tremenda revolución espacial constituye un juego extraordinario que pocas imaginaciones serían capaces de llevar adelante.

A la vera de donde estuvo la famosa cárcel real de Sevilla se alza Miguel de Cervantes de cuyo brazo útil, mejor que entrar en la prisión y saber como era "aquello", sería pasear recorriendo el itinerario lírico que marcan una serie de azulejos evocando páginas de sus obras. Insólito sería recrear con Cervantes "su Sevilla". Tan extraordinario como ir de uno a otro estudio de los varios que Murillo tuvo en aquella ciudad ya entrada en la decadencia del siglo XVII. Y del taller de Murillo al de Velázquez, al de Zurbarán y al de Martínez Montañés haciendo tertulia con los maestros, oficiales y aprendices, oyendo sus opiniones sobre el arte de los otros, conociendo sus modelos, encargos y motivos inspiradores... ¿Qué le parece una conversación íntima, de hombre a hombre, con Juan Belmonte? Sentado en el Altozano, una noche de estío, oirle al torero esa biografía no contada que cada hombre tiene. Y al fondo la ciudad como un toro torvo que el torero no quiere lidiar...

Y ¿Si en lugar de irnos al pasado nos mantenemos en el presente? Y colocados al lado de las estatuas les rogamos nos ofrezcan sus pareceres sobre el entorno y la gente que por allí transita. Con Murillo en la Plaza del Museo resultaría divertido escuchar lo que dice la gente que sale de ver la pinacoteca; con Velázquez en la Plaza del Duque se hace imposible escuchar algo en medio de la balumba consumista; con Zurbarán (que no está en la plaza de su nombre) en la antigua Plaza del Adelantado, del Marques de Tarifa o del Duque de Medinaceli y ahora de Pilato puede ser interesante algo de chismorreo; con Martínez Montañés en el Salvador sería fantástico oirlo viendo salir Pasión; con Mañara ayudándole a llevar las miserias de los viejos de la Caridad y con don Juan en Refinadores, incitándole a una confesión.

Cansados de tantas historias entramos en un silencio de cien años. Cien años de tregua, porque del siglo XVIII nadie se hace presente en las esculturas callejeras de Sevilla. Nadie ha querido acordarse de Felipe V, que hizo de la ciudad Corte; ni de Carlos III, a quien se debe el establecimiento del Archivo de Indias. En la memoria colectiva se han apagado los ecos que tuvieron los nombres de Toribio Velasco, fray Isidoro de Sevilla, fray Diego de Cádiz, Bruna, Reinoso, Lista, Mármol... Hasta que el XIX irrumpe bélico, lírico y costumbrista: Daóiz, Bécquer, Luisa Fernanda y Carmen...

La espada, la poesía, la generosidad y el tópico. El paseante, infeccionado del mismo capricho urbano de la ciudad, es capaz de mostrarse mas original que nosotros, y en lugar de hacer realidad lo que venimos "proponiendo" se le antoje conocer a los escultores y en su compañía visitar a las estátuas. Conocer a Sabino Medina (Murillo 1864), Antonio Susillo (Daóiz 1889, Velázquez 1892, figuras de San Telmo 1895), Joaquín Bilbao (Maese Rodrigo 1900), Manuel García Sánchez (Mañara 1902), Coullaut Valera (Bécquer 1912, Inmaculada 1918), Sánchez-Cid (Martínez Montañés), Perez Comendador (Infanta María Luisa 1929), Gavira Alba (Sor Angela 1966)... El veleidoso paseante falto de interés por las biografías de los tipos humanos llevados al bronce o la piedra, no le importan las vivencias cosechadas desde los pedestales que las ensalzan, ni el desarrollo del espacio urbano que ellas dominan. Le interesa penetrar en el estudio donde los escultores concibieron sus obras, reflexionaron sobre ellas, leyeron y se documentaron y dibujaron proyectos. Le atrae mas saber como cada artista concibió al personaje y, al mismo tiempo, como y porqué llegó a ser artista-escultor... Si, pensamos, sería curioso encerrar en unas páginas la trascendencia en la vida local de la figura efigiada, la historia de como el escultor dio forma a la estátua, los cambios del medio urbano que arropan a esta y la propia biografía de escultor.

VII

DE LAS TORRES MENORES A LA TORRE MAYOR

◇◇

En este paseo nos antecedieron el diablo Cojuelo y don Cleofás, personajes de Vélez de Guevara, que, desde la Venta de Pero Mingo, distinguieron a la Giralda (lo primero y lo último que se ve en Sevilla según A. Dumas) hacia la que se encaminan buscando las posadas del Callejón del Agua. No usaron el camino más corto a fin de tener ocasión de ver y admirar la Puerta de Carmona, la Casa de Pilato, la Cabeza del Rey Don Pedro, las calles Abades y Borceguinería y otras maravillas del urbanismo sevillano.

Fue en un viaje por el Rhin cuando concebimos visitar Sevilla desde sus torres. El anhelo se agudizó al realizar una visita a las azoteas de la Catedral y un ascenso a través de los andamios puestos para su restauración, a la cima del retablo mayor catedralicio. Tardamos mucho tiempo en hacer los distintos itinerarios, programados como un peregrinar hacia la Torre Mayor partiendo de las torres más lejanas a ella. Todas las torres de Sevilla están enamoradas de la Giralda, que las señorea soberbia y grácil, y por eso nuestro aéreo deambular simboliza ese proceso de enamoramiento, que nunca llegará a la total posesión, porque nunca treparemos a la Torre Mayor. Iremos saltando de torre en torre, gateando con el alma por tejados, azoteas, miradores, cúpulas, espadañas, áticos y veletas, descubriendo otra Sevilla. Los turistas actuales siguen un discurrir que ya los viajeros del XIX consagraron, aunque ahora lo han disminuido: Catedral, Alcázar, Archivo de Indias, Fábrica de Tabacos, La Caridad, la Casa de Pilato, Museo de Pinturas e Itálica. Tal vez no podamos eludir algunos de estos edificios, pero viéndolos siempre desde el aire, como en esas visiones decimonónicas recogidas en ciertos grabados. Visiones desde globos, o desde la retina de un diablo Cojuelo de este siglo. Es una Sevilla totalmente inédita, distinta, la que se nos brinda. Realizamos el viejo sueño del hombre de volar; volar por encima de los surcos de tejas asoleradas por los soles y las lluvias, las blancas azoteas y terrazas que envuelven ropas y tiestos con flores, los vigilantes miradores; las elegantes y enhiestas cúpulas y cupulines, las altivas y humildes espadañas, los prácticos áticos, las versátiles veletas... un extraordinario paisaje dominado por el Giraldillo en el que Dumas creyó ver un pájaro celestial posado para descansar tras un largo vuelo. Las torres van surgiendo aquí y acullá, cual mástiles de las collaciones planteándonos al principio el problema de su identificación. La ciudad no es la misma desde lo alto, que desde el suelo. En las alturas los rumbos son otros, las referencias a ras de tierra no sirven. En lo alto y con el aire y la luz todo se agiliza; la torre agarena algo maciza se corona con un femenino chapitel cristiano y la pesada espadaña castellana de piedra se torna encaje de ladrillos y azulejos. Las torres, muchas viejos alminares que trocaron la voz humana del almuecin, crecen cual fustes de airosas columnas en medio del dédalos de calles en un caserío a veces pobretón. Las hay religiosas y civiles; moras y cristianas; mudéjares, góticas y barrocas; sonoras y mudas; con latidos de reloj y ajenas al tiempo; esbeltas y orgullosas y derrotadas y humildes.

Realmente es una delicia encaramarse al firmamento de Sevilla a través de los escalones de sus campanarios y, desde la altura, acariciar todo el cielo engastados de miles de detalles variantes según la hora del día. Buenos, los minutos del amanecer y del atardecer para la visibilidad lejana. Desde cualquier sitio contemplaremos siempre a la gran torre que en la visión de Vélez de Guevara "Parece, por artificiosa y alta, o pazadizo del cielo o que es del sol atalaya"... Por encima de todas yergue su gracia la "torre enjaezada" de Lorca, hermana de otros alminares almohades del s. XII nacidos en suelo africano: la Kutubía (mezquita de los libreros) de Marrakech, y la inacabada y medio destruída por el terremoto de Lisboa, Torre de Hassan (la hermosa), amasadas igualmente con un ladrillo algo menor, que las hace rosas al amanecer y rojizas en el crepúsculo. Delicadas, armoniosas, exhiben su proporción entre un descaro y pudor que se les escapa por ventanas polilobuladas, ajimeces, arquitos de herradura y un atuendo de encajes trasparentes. La Kutubía se corona con tres brillantes esferas de bronce, que la Giralda cambió por una espadaña y luego por un airoso cuerpo de campanas obra de Hernán Ruiz II. A él agradecemos el acierto de tan bello y acertado final, y a Abu Yusuf Yacub al-Mansur el califa terminador de la Kutubia que su abuelo había ordenado edificar y constructor él de las otras dos, le debemos la orden en 1184 de comenzar la erección de la Giralda en cuya base se colocaron sillares y piedras del palacio de al-Mutamid.

Buscando una meta lejana para comenzar nuestra peregrinación a la Torre Mayor —toda Sevilla peregrina a la Giralda, y no una vez en la vida— pudiéramos escoger el Hospital de San Lázaro, y volar desde allí a las murallas de la Macarena —Torre de la tía Tomasa— y a San Gil, donde se nos ofrecen dos rutas hacia el centro.

Si nos decidimos por San Gil, Omnium Sanctorum, San Martín, Don Fadrique, San Lorenzo, El Carmen y San Vicente, nos veremos obligados a poner punto y final al paseo aquí.

Cabe entonces ir de San Gil a Santa Marina, San Luis, San Marcos, San Julián, San Román, Santa Catalina, San Pedro, Anunciación, Descalzos, San Ildefonso, San Esteban (quedan a un lado San Roque y San Benito) y San Bartolomé. Aquí rinde viaje también unas rutas que han partido de la Trinidad o San Bernardo hasta San Bartolomé, para seguir por San José, San Nicolás, San Isidoro, San Alberto, El Salvador y San Juan de Dios. Más cerca es imposible llegar a la Giralda partiendo de estos puntos. Solo existe un camino que permite una mayor aproximación, el seguido por los fundadores y los invasores: por el poniente. Arrancando de la O, saltamos a Santa Ana y proseguimos, Torre del Oro, Torre de la Plata, Caridad, Torre de Abdelazis y Torres del Alcázar. La Giralda está a mano. Más cercana aún, si escalamos el mirador de las azoteas catedralicias, fabuloso balcón.

Los paseos no se reducen a contemplar las torres en su exterior y describirlas, sino a subir por sus entrañas y empaparnos del pasado que encierra su entorno y del presente de los horizontes que se abren a su alrededor y a sus pies. Montados en San Gil cabe reflexionar sobre el Hospital de la Sangre, las murallas almohades, la Virgen de la Macarena. Situados en Omnium Sanctorum o San Gil nos llega con el murmullo del barrio el ruido del motín del Pendón Verde y el del mercado semanal de la Feria existente ya en el medievo. Don Fadrique permite elucubrar sobre Santa Clara y el cercano monasterio de San Clemente; y en San Lorenzo la devoción del Gran Poder difumina las interesantes consideraciones históricas de un barrio romántico y con solera. Como acontece en San Vicente y en la Torre del Carmen, vigías de un pasado y de un presente que va de los Humeros y la casa-palacio de Hernando Colón, a las populares hermandades actuales.

Puestos en la Trinidad hay que hablar del Prado de Santa Justa; y en San Julián de la Hiniesta patrona del Ayuntamiento hispalense. Santa Marina guarda los restos del imperial y sevillano cronista Pedro Mexías. San Luis se presta a toda una teoría del barroco sevillano. La Torre de San Marco regala una maravillosa visión urbana e histórica. Caserío interesante el de los contornos; al lado mismo los conventos de Santa Paula y Santa Isabel, con compases, espadañas, clausuras y repostería tentadora. Santa Catalina está a la vera de las Dueñas y de Bustos Tavera. Y en San Pedro, la Morería y el recuerdo de Velázquez, allí nacido, se presta a elucubraciones dignas de continuar hablando de los sevillanos ilustres —Bécquer, entre otros—, enterrados en el panteón de la Anunciación. En los Descalzos y en San Ildefonso las yemas de San Leandro anulan cualquier razonamiento sobre la Casa de Pilato limítrofe. Y así, hablando de ayer y del hoy, andaríamos por los cielos de Sevilla para sorprender diversos escorzos y horas.

Sepa Vd. que aparte de la Giralda existen otras torres, enamoradas de la Mayor a la que no se atrevieron a imitar y que con ella se glorifican cada amanecer y cada crepúsculo. Las imitaciones están en Carmona, en Ecija, en Moguer.

VIII

ALJARAFE Y MIRARBUENO

◇◇

"Aún hay gente, entre los mismos sevillanos, a la que esta voz, Aljarafe, no mucho les dice".

Rafael Laffón: *Sevilla del buen recuerdo*.

Los que estaban en los alcores aledaños a Sevilla y miraban hacia abajo contemplaban las lomas de Itálica, la vega de Triana, los campos de Tablada, el río y las presentidas llanuras marismeñas donde el Guadalquivir se disolvía. Entonces nada se llamaba Itálica, Triana, Tablada o Guadalquivir. Los que estaban abajo y miraban hacia poniente veían como el terreno se alzaba blandamente hasta convertirse en cornisa que, transformada en llanuras, se desparramaba hacia las tierras bajas ribereñas del mar.

Aquella elevación, altura, sede de primitivos habitantes (turdetanos, Cueva de la Pastora, Carambolo) la llamarían los árabes *al-šaraf*, que significa altura, excelsitud, eminente, "porque en efecto se va subiendo desde que se sale de Sevilla", según explica Edrisí.

Los musulmanes se descolgaron sobre la Spalis visigoda, provenientes del sur, por allí; y la Bab-al-Saraf fue la puerta de acceso a la ciudad usada por los procedentes del altozano. Posteriores significados nacieron debido a equivocadas etimologías y, sobre todo, a la distorsión que la palabra sufrió en el transcurrir de los años al servir para designar también campo de olivo. Hoy no es solo una *altura*, y un *terreno poblado de olivos*, sino una comarca con singular personalidad socioeconómica vecina a Sevilla, en el camino hacia Huelva, extendida o comprendida entre la vega del Guadalquivir, las Marismas, el curso del Guadiamar, y la Sierra.

Para los romanos fue un lugar de actividad agrícola, descanso y recreo. Allí establecieron explotaciones, que alternaban con huertas y jardínes; allí alzaron sus magníficas quintas de placer. Los árabes intensificaron las plantaciones de olivos y sembraron el terreno de alquerías, que semejaban, "por su blancura, estrellas blancas en un cielo de olivos"; tantos olivos, que el cielo no llegaba a la tierra dice Al-Himyari. Los cristianos, nobles y ricos comerciantes del medievo y la modernidad, se repartieron las tierras y convirtieron la zona en un gran centro agrícola, ganadero e industrial, desde donde llegaban a Sevilla cinco ríos: de agua, de leche, de vino, de aceite y de miel. Nunca el Aljarafe dejó de ser la tierra fértil y grata que mereció el apelativo de Huerta de Hércules.

Un poeta sevillano Francisco Medrano, tuvo junto a San Isidoro del Campo y frontera a Itálica una heredad o finca que llamó *Mirarbueno*. De ella enviaba el poeta sus vinos a América, y desde ella mirando a oriente descubría un panorama que justificaba el nombre de Mirarbueno. Medrano alude y desea la *marea* que llegaba hasta su casa para mitigar en las tardes el agobio de la canícula, y da gracias al cielo porque, piadoso, lo ha restituido a su nativo suelo. Nos lo imaginamos en su "Señoril reposo", entre viñas y olivos, en honda abstracción, contemplando la ciudad engastada en la llanura. Nos imaginamos al poeta, entre olivos, en honda abstracción observando a la ciudad a sus pies. Protectora de las profundas meditaciones fue la diosa griega Atenea, la Minerva de los latinos, que regaló a los habitantes de Atena el olivo: *Minervae Béticae* y un olivo, emblema para quien como la diosa ama a la sabiduría.

IX

TRIANA Y EL CASTILLO DERROCADO

◇◇

Que si viene de Trajano, Triana...; que si procede de los tres arcos de la puerta del mismo nombre. Nadie está enterado de donde procede este nombre, como nadie exactamente sabe lo que es Triana. Se es consciente de lo que no es: no es un barrio de Sevilla.

Para muchos Triana es la calle Betis y la calle Pureza; otros añaden el Altozano y la calle Castilla. Y se olvidan de Pagés del Corro y de San Jacinto.

Para muchos Triana es la Esperanza y el Cachorro; otros amplian esta visión e incorporan a la Virgen de la Estrella. Y se olvidan de Nuestra Señora de la O.

Para muchos Triana es la iglesia de Santa Ana y el convento de San Jacinto; otros relacionan también el templo de Nuestra Señora de la O. Y se olvidan de las capillas de los Marineros, Cristo de la Expiración y del convento de las Mínimas.

Para muchos Triana es el río y el puerto Camaroneros; otros amplían esta geografía y suman el Castillo de San Jorge o de la Inquisición. Y se olvidan del puente de barcas y del puente de hierro y las mañanas y tardes de Semana Santa.

Para muchos Triana es el Rocío y la hermandad trianera; otros mencionan los corrales de vecinos, receptáculos de lo castizo. Y se olvidan del Corpus Chico, y de las cruces de mayo.

Para muchos Triana es los gitanos de Monte Pirolo y la Cava Baja y los toreros; otros citan igualmente a gente del cante jondo. Y se olvidan de los hortelanos, de los alfareros, de los ceramistas, de los artesanos del jabón y la pólvora, de los marineros y los constructores de los primeros barcos de vapor.

Muchos no aciertan con lo que es Triana, con tanto hueco urbano y humano; con tanto añadido y cerco periférico a base de despersonalizadas urbanizaciones.

Triana es una pequeña ciudad, con el campo a su espaldas (y su historia), y el mar a un costado. El mar y Sevilla. Sevilla, más enfrente que al costado. La gente de Triana que nos encontramos en torno a Santa Ana, por las calles, en el mercado, en las tabernas, en las aceras o cruzando el puente poseen una singular manera de ser, que dota al hábitat de un peculiar acento. Es otra mentalidad. Una mentalidad articulada a base de las bisagras de las calles Pureza, Pagés del Corro, San Jacinto y Castilla. Sus templos, tan originales, marcan dos *tempos:* gótico y barroco. Sus grandes momentos. El nuevo tempo está en otras partes del plano de la gran Hispalis en las que se han refugiado muchos trianeros, y está en el futuro que se engendra de Chapina a la Cartuja de las Cuevas.

Triana, siendo parte de la Historia de Sevilla, va más allá de constituir un barrio de la ciudad. Guarda y collación se la consideraba antiguamente. Guarda por aquello del castillo, pues Triana, como Sevilla poseyó su alcázar almohade donde los cristianos conquistadores situaron la primera iglesia de San Jorge y, desde 1481, la sede del temido tribunal de la Inquisición. Castillo que solo pervive en los grabados y sobre cuyo solar se levanta desde 1825 un prosaico y pintoresco mercado transido de aires morunos. Y un callejón, callejón de la Inquisición, por donde pasa más un ventarrón helado proveniente del río, que la gente.

El puente de barcas, obra del califa Abu Ya'qub Yusuf, facilitó la comunicación con el Aljarafe y el desfile de los ejércitos almohades (1174). Para su protección nació el castillo. Apenas setenta años duró la subordinación puente-castillo. Caro les resultó a los castellanos del rey Santo hacerse con la fortaleza, por la heróica defensa de sus moradores y por carecer los atacantes de escaleras "ca el señor rey don Fernando non las mandara facer todavía". Los cercados se mostraban inexpugnables y los sitiadores estrechaban el cerco de tal modo que "solo las golondrinas podían entrar en el castillo". Roto el puente de barcas por la embestida de Bonifaz, sucumbió el castillo, donde los cristianos fundaron la parroquia de San Jorge que duró poco allí, y el castillo recobró su condición de fortaleza y trasmitió a Triana su papel de "guarda" de Sevilla. Hasta 1480, en que los Reyes Católicos ordenan "fazer pesquisas sobre los malos cristianos de Sevilla" y convierten la alcazaba en sede y cárcel de la Santa Inquisición. Uno de sus primeros huéspedes fue el rico y famoso judío Diego de Susón, el padre de la gentil Susana. Inauguraba de este modo su actividad el Santo Tribunal.

El río, enemigo de siempre del castillo, no cejó de acosarlo, y año tras año le lame y socaba los cimientos. Quienes permanecen encerrados en sus mazmorras sueñan que se escapan con las aguas fluviales. La constancia lo logra todo; y el río arruina a la ciudadela y obliga a los señores inquisidores a trasladarse en 1625 a la casa de los Taveras por la collación de San Marcos. Restaurado, regresa a su sede trianera la Inquisición, hasta 1785, pero la obra constante del río lo desbarató e hizo que los inquisidores y los presos de sus cárceles volvieran a pasar, ahora sin solemnidad y con mucho secreto y nocturnidad, al Colegio jesuita de las Becas, por la Alameda. Mientras, el castillo derrocado se desmoronaba por obra de los agentes naturales y de los hombres que derrumbaron sus murallas y torres, y con los escombros alzaron la plaza del Altozano.

El conde duque de Olivares, que al decir de Justino Matute, ambicionaba... "cuantos honores pudieran tener relación con Sevilla" había merecido desde 1627 la tenencia honorífica de su alcaldía, privilegio mantenido por su familiares-herederos hasta principios del s. XIX, a punto ya de sucumbir, como si de cartón piedra se tratase, lo que restaba del otrora arrogante y tenebroso castillo.

X

LA MACARENA, UNA VIRGEN Y UN BARRIO

◇◇

Muchos —o todos— son los caminos que llevan a la Macarena, la Roma de millares de fieles. Y sea cual sea la ruta escogida, el milagro de fe y de belleza que aguarda al visitante o romero explica que éste se aleje satisfecho y con propósitos de regresar. Como el placer de un viaje no está en llegar, sino en el estar llegando, en el prolongar o diferir ese momento del encuentro, vamos a peregrinar a la Macarena haciendo el camino inverso al que los reyes recorrían en sus entradas en la ciudad. Por lo menos hasta Carlos V, en aquella irrepetible primavera cuando vino para casarse en el Alcázar con Isabel de Portugal. Este soberano y sus católicos abuelos, tras jurar los privilegios de la ciudad, ingresaban en ella por la Puerta de la Macarena y enfilaban la Calle Real (hoy San Luis) hacia Santa Catalina y Alhóndiga. Invirtamos el itinerario.

Desde Santa Catalina a San Gil corre la espina dorsal de una vía que ya en la época islámica tuvo especial significado urbanístico. Los árabes trazaron la

Hara Mayur (calle larga) prolongación del romano Cardo-máximo a través de las hoy calles de Busto Taveras y San Luis hasta la Bab-Maqarana, única puerta en pie de aquellas doce que la urbe musulmana poseyó.

En torno a esa Hara Mayur o Calle Real y a la casi paralela calle de la Feria o de la Heria crecieron palacios, conventos y templos gracias al celo de una nobleza poderosa, y aledaño a los cuales se apiñó un caserío y población con dificultades, escenario y protagonista de las pocas rebeliones sociales habidas en la ciudad. El conjunto —caserío y población—, continúa manteniendo sus notas de problemático y de poco conocido, donde el extraño se extravía con facilidad y donde se esconden o yacen notas difinidoras de la Sevilla popular o castiza.

Partiendo de Santa Catalina, con bares centenarios, hacia San Marcos, San Luis, Santa Marina... y, de paso, Omnium Sanctorum, San Martín y San Román, al curioso le es dado aproximarse al mundo de las cofradías, al esplendor de la nobleza, al encanto de los compases conventuales, a las delicias de las reposterías monjiles, a la Sevilla oculta, al asombro del barroco sevillano, a la habilidad de los artesanos, al variopinto trueque de los mercadillos, a la humildad de las viviendas populares... para concluir en el milagro de la Macarena. Siempre nos ha parecido que no existe en la ciudad una parcela tan fascinante desde los puntos de vista artístico, sociológico e histórico como ésta. Entramado urbano complejo, rico de contenido, en el que una parte del mismo —el vinculado a la Macarena— se transforma mágicamente en la madrugada del Viernes Santo y en su mañana.

La Macarena es un barrio y una Virgen; la Virgen por antonomasia de Sevilla. ¿De dónde el nombre?

No estaría bien que dejase de ser un misterio. Lo arcano es siempre más bello y sugestivo que lo conocido. Decir que el nombre procede del de una infanta o joven mora que vivía en un cercano palacio o alquería, no embellece la historia. Tampoco suponerlo derivado de Macaria, hija de Hércules y Danayira, en cuyo honor Julio César bautizó la puerta... Pero la puerta no la edificaron los romanos; por ahí no pasaba la muralla de César... De Macareo, dueño de una huerta... ¡Qué más da!, Macaria mitológica, Macarena infantita o Macareo hortelano se pierden en los tiempos. A las gentes nada les importa; como no les importa saber que el venerable Fernando de Contreras o María de Padilla, amante de Pedro el Cruel, nacieron en el barrio. Lo que prima es la alegría de la silueta infantil y el dramático llanto del otro perfil de mujer, de una Virgen cuya presencia altera en la madrugada del Viernes Santo la sensibilidad de los que creen y de los que no creen.

XI

EL BARRIO MISTERIOSO

◇◇

Entre el verano del año 712 y el del 713, Musa b. Nusayr conquistó a Sevilla, la Spalis visigoda. Los judíos estaban allí. Estaban allí y colaboraron en el nuevo gobierno establecido. Una nieta del penúltimo rey visigodo, Witiza, lucía un nombre muy judío, se llamaba Sara la Goda. Vivían los judíos en torno al Alcázar.

Entre el otoño del año 1246 y el del año 1248 Fernando III rindió a Sevilla, la Išbīliya musulmana. Los judíos seguían allí. Estaban allí y, según narra Argote de Molina, el día en el que el conquistador castellano entró en la ciudad "salieron a recibirle... (y le) entregaron la llave de la Judería, la cual hasta hoy se guarda en la Sacristía Mayor de la Iglesia de Sevilla".

Los judíos estaban desde siempre y seguirían hasta siempre, pese a los ataques que sufre su barrio, sobre todo el de 1391, y a las expulsiones de 1483. Su asombrosa facilidad para adaptarse aún en circunstancias hostiles y su genio intelectual y poder económico, les permitiría esta permanencia en una ciudad donde parte de su urbanismo nos la recuerda a diario.

El rey Santo protegió a los judíos, y más aún su hijo el rey Sabio, que no dudó redactar en hebreo el epitafio de la tumba paterna. Inteligentes, laboriosos, sufridos, acomodaticios, fieles a su religión y costumbres, quedaron después de la conquista radicados en torno a cuatro sinagogas, luego transformadas en templos cristianos: San Bartolomé, Santa María la Blanca, convento de Madre de Dios y Santa Cruz —que dió el nombre al barrio— derribado por los franceses para dar cabida a la Plaza de Santa Cruz donde se alzaría la Cruz de la Cerrajería en 1917. Alrededor de las sinagogas se agruparon casas de rostro morisco, estrechas y malolientes callejas, zocos espesos, tiendas multivariadas, baños, algorfas, tahonas, lonjas, juzgados, plazas... que no iban más allá de unas murallas que las aislaban del resto del urbanismo y de la población sevillana. La cerca —cerca de la ciudad y otra interior— discurría del Alcázar a Puerta de la Carne y Puerta de Carmona y, desde aquí, por dentro iba por las actuales calles Tintes, Armenta, Vidrio, Conde Ibarra, San José, Madre de Dios, Mesón del Moro, Rodrigo Caro, Vida y Puerta de Carmona hasta la Puerta de la Carne. Llamada esta Bab Ŷahwar, bab el Chuar en mala pronunciación o de las Perlas (también de la Judería y Minjoar), que daba al cementerio o fosario hebreo, donde mas tarde se alzó el Matadero y se encontraron tumbas con exóticos contenidos e inscripciones. Otras puertas quedaban frente al templo de San Nicolás y en la calle Mesón del Moro. Si pensamos en los actuales barrios de San Bartolomé y de Santa Cruz tendremos cabal idea del espacio ocupado por la Aljama judía, dentro de la cual es posible situar a finales del siglo XIV a unos 400 ó 500 vecinos; es decir, unas 2.500 personas.

De entre sus calles resaltaban la de Levíes, donde vivirá el famoso Samuel Leví, Tesorero del rey don Pedro; el adarve Abenmanda, que iba de la Azuica a Refinadores; Jamerdana donde estaban las carnicerías; y la gran calle de Rodrigo Alfonso, actual calle de San José, llamada así en honor de un tío del rey Sabio que decidió vivir entre los hebreos en un gesto más de convivencia y tolerancia. En dicha vía se situaban la Azuica (plaza frente a Santa María la blanca), los cambiadores, los especieros, los panaderos, los orfebres, etc. Era un pueblo dentro de otro pueblo. Un pueblo con su Consejo, sus jueces, sus tradiciones, su ley, que pagaba al Cabildo catedral 30 dineros anuales por cabeza "en memoria de los treinta dineros que compraron a Jesucristo" (Rodrigo Caro).

La vida hebrea se desarrollaba fundamentalmente dentro de las murallas de la Aljama, aunque había otros fuera de ella que contaban, incluso, con sinagoga. Importantes figuras de su raza, cercanas a la Corte, garantizaban una protección tranquilizadora: don Mayor de Toledo, Almojarife Mayor, don Zulema Pintadura, rico propietario de Ecija y Carmona, dueño de casas, almacenes de aceite y huertas en la misma Sevilla, y que también sería Almojarife Mayor del rey Alfonso. Pero...

Pero sus actividades y situación económica, y las terribles historias sobre sacrílegos comportamientos, les grangearían la animadversión (envidia y recelo) de los cristianos. Industriosos y ahorradores, de tal manera que acaparaban el comercio más lucrativo y la banca; detentadores también de ocupaciones repudiadas (usureros, baratadores —trueque—, vendedores de esclavos); cumplidores de su religión observando el sábado, los ayunos, el ritual de la muerte, la circunscisión, etc., lógico que el resto de la sociedad, especialmente el bajo pueblo, creyese todas las truculentas historias que sobre ellos circulaban.

El odio, avivado por las prédicas del arcediano Fernando Martínes, explotó en 1391, y la Judería se vio saqueada y algunos de sus habitantes asesinados. Los judíos que pudieron huyeron, otros se convirtieron. Solo unas sesenta familias continuaron representado a la minoría hebrea, aunque muchos de los conversos mantuvieron el mismo papel que antes del asalto, incluso el de las prácticas religiosas. Dispersos dentro de la ciudad, fueron compelidos más de una vez a concentrarse en un área concreta, sin resultado, siendo la última vez poco antes de la expulsión. Entonces se les reunió en las inmediaciones a la Puerta de Jerez. La Judería ya no era lo que había sido. Fue "repoblada" y se le llamó La Villanueva. Siguió siendo un retazo laberíntico y misterioso del urbanismo que en el siglo XX lo maquillarían dándole dimensiones universales. Y decimos el siglo XX, no solo pensando en el marqués de la Vega Inclán, gran reivindicador del Barrio de Santa Cruz, sino en los viajeros extranjeros de la centuria decimonónica que apenas aluden a la Judería como algo digno de visitarse. Los que llegan hasta ella lo hacen para conocer al deán Lope Cepero y su colección de pinturas en la Plaza de Alfaro.

Normalmente el extraño entra en el Barrio de Santa Cruz por el Patio de Banderas. Lo cruza diagonalmente y, justo en el momento de perderse en el abovedado callejón de la Judería, se vuelve y contempla asombrado el asombro de la Giralda. Sigue y, dejando de lado una musitadora fuente esquinera, duda si continuar recto o girar a la izquierda. Siempre se equivoca, no tuerce… A la izquierda una cancela de hierro, que nunca se cierra, —en mis años juveniles un guarda, mediante propina nos la abría por las noches— da paso al comienzo o final de dos vías: Agua y Vida. Nuevamente surge la interrogante ¿A la izquierda o a la derecha? Y así siempre; el entramado del dédalo callejero irá ofreciendo continuas dudas que implica continuas decisiones ¿Por dónde seguir? Es lo interesante de todo urbanismo: la sorpresa. El Barrio le va poniendo ante sus pies al visitante más de una vía, y el desconocedor de él opta por sumergirse en la más ancha, temeroso de que la más estrecha sea ciega...

Es posible que se incline por el callejón del Agua (del muro del agua) y vaya a parar a las plazas de Alfaro y de Santa Cruz, sitiendo enseguida la llamada de los Jardines de Murillo. Rehusa las callejas de Santa Teresa y Mezquita y se pierde unas sorpresas...

Es posible que deambule por la calle Vida y vaya a parar a la Plaza de Doña Elvira, sintiendo enseguida la llamada de Gloria y Susona. Rehusa la calleja de Rodrigo Caro y se pierde otra sorpresa.

Es posible que camine por la Plaza de Doña Elvira y Gloria yendo a parar a la Plaza del Hospital de los Venerables, sintiendo enseguida la llamada de Jamerdana. Rehusa Reinoso y pierde la posibilidad de tener que volver a decidir en Lope de Rueda. Pero, por favor, no pierda la oportunidad de entrar al Hospital de los Venerables Sacerdotes.

No se atreve a recorrer Lope de Rueda, curiosa vía de extraño recorrido, que en un extremo dice que hasta 1840 se llamó de Barrabás. No entra en Mezquita, ni en Ximénez de Enciso, ni en Cruces, y se priva de conocer la Plaza de los Refinadores y el ensanche-placita de Cruces con la escenográfica calle Doncella. Un deleite.

Menos, por supuesto, llega hasta Santa María la Blanca y la traspada para penetrar en San Bartolomé por Archeros. Y así se queda sin saborear un urbanísmo más puro, con menos afeites aunque más degradado.

Pero el barrio no es sólo la urdimbre sorprendente de su intrincado callejero, sino sus habitantes de hoy y de ayer, su pretérito y su presente. Santa Cruz es sus callejas, sus placitas del mismo nombre, de Doña Elvira, de la Alianza, de Santa Marta, de Refinadores, que el visitante debe de ir descubriendo en ese juego de pasear por el enredo de sus calles. No encontrará nunca un Minotauro que lo devore, aunque si más de una Ariadna que le ayudará a salir del laberinto.

El barrio es su templo parroquial, el extraordinario edificio de los Venerables, el convento carmelitano, la capillita de Santa Marta, la Escuela de Cristo, la casa de los Pinelo y las ruinas romanas de Mármoles y Guzman el Bueno y sus contenidos.

Al descubrir todo esto le saldrán al paso Mutamid, Susona, Pedro el Cruel, doña Elvira de Ayala, Lope de Rueda, don Juan Tenorio, Justino de Neve, Murillo, Mañara, Valdés Leal, Lópe Cepero, Blanco White, W. Irving, Lord Byron, Luis Cernuda... Cada uno posee una historia o leyenda relacionada con el barrio. Oigalas. De todas, la más dramática es la de Susona, que dice así: Llegado que hubiera el Tribunal de la Santa Inquisición a Sevilla, muchos judíos se dijeron "¿Qué os parece como vienen en contra de nosotros?". Somos los principales de la ciudad y podemos reclutar y armar a la gente para hacer frente. Los que se habían reunido y tales consideraciones se hacían, eran "Suson, padre de la Susana que llaman la hermosa hembra; Benadova, padre del canónigo; Abalofia el perfumado...; Aleman, poca sangre, el de los muchos hijos alemanes; los Adalfes de Triana, que aún vivían en el Castillo", y otros más. Descubierta su conspiración por delación de la hermosa Susana ben Suson, que se había enamorado de un cristiano, los conjurados fueron apresados y castigados. A su padre lo quemaron. Convertida la Susona, el obispo de Tiberiades, Reinaldo Romero, la metió a monja y perdió la cabeza por ella. Salida de clausura, el tal personaje tuvo hijos con la bella judía, pero "después vino a tanta miseria que fue amiga de un especiero". Al morir la Susona pidió que su calavera se colgase en la fachada de la casa donde había vivido para ejemplo y castigo de sus pecados. Estuvo la calavera en un frontispicio de la calle del Ataud, llamada así por su forma. Calle que hoy se llama Susona.

El relato indica que Susona era una muy gentil dama "enamorada e requebrada" sin mencionar el nombre del galán cristiano, y omite la historia posterior del obispo engañador. De haberse continuado hasta llegar a la *contritio* del prelado seductor tendríamos un tardío *exemplum* o anécdota edificante medieval usada por los predicadores para tocar el ánimo de los fieles. Tal como queda, en la versión de Montero de Espinosa, el *exemplum* lo es para los judíos mas que para los cristianos: ved lo que le sucede a una de nuestra raza cuando nos traiciona.

Habría estado más dentro de la literatura medieval de los *exempla* si Suson con sus amigos hubiera entrado en el templo en el que el obispo decía misa con intención de matarlo para vengar la perdición de la hija. En ese momento el clérigo, temeroso y asustado, pide a Dios que le libre del peligro y promete confesar su culpa y hacer penitencia. Milagrosamente los judíos quedan paralizados y mudos. El obispo se arrepiente y entra en una orden religiosa, al igual que la joven y "gentil" judía después de ser bautizada...

XII

EL TESORO TARTESICO

◇◇

Los obreros trabajaban sin agobios, entre cigarros y conversaciones. Todavía se percibía remalazos del verano. Finiquitaba septiembre. Desde donde estaban se divisaba la ciudad extendida sobre una llanura que ya no era la lámina de agua en la que emergía una colina apta para alzar unas viviendas. El cerro, tal vez un lugar de culto en las lejanas épocas ibéricas, tartésicas o fenicias, estaba allí, bajo los pies de los obreros, encerrando un puchero de barro de fascinante contenido. Podemos libremente suponer que en aquel sitio, sitio a la misma altura que la estátua de la Fe que giraldea en la Torre Mayor, y a tres kilómetros al oeste de Triana, casi dos mil años atrás, un grupo de hombres contemplando absortos el emergente islote tras la arriada, decidió fundar una aldehuela-puerto donde pudieran amarrar los barcos de los misteriosos extranjeros que subían por el río en demanda de productos. Naves de Tarsis, que en los Libros de Ezequiel, Isaías y Los Reyes llevaban a los judíos productos exóticos y metales ricos del lejano Oeste, de Tartesos.

Los descendientes de unos y de otros, de los que estaban hace miles de años y de los que venían, y de los que aparecieron más tarde, proseguían cavando en el cerro del Carambolo y descansando de vez en cuando para mirar a la ciudad. Inesperadamente, sus ojos avizorantes, quedaron sorprendidos y maravillados por un conjunto de piezas (algunas parecían galletas) que, pese a la tierra, se adivinaban eran doradas. La atención se concentró en el hallazgo y el trabajo se paralizó.

Los arqueólogos prosiguieron las excavaciones y búsquedas hasta amontonar 21 piezas de 25 quilates con un peso de casi tres kilos, desparramadas de las entrañas de una vasija de barro. Joyas rícamente decoradas, de cierta unidad de estilo, a la vez delicadas y toscas en su hechura. Había un collar, un pasador, 16 cadenitas, siete colgantes, dos brazaletes cilíndricos, dos pectorales, 16 placas... y mucha cerámica.

La búsqueda y hallazgo de un tesoro ha sido siempre aguijón en la mente humana. Toda la literatura mundial está transida de legendarias riquezas cuya búsqueda originan más de un viaje y más de una aventura. La persecución de Eldorado, o del cacique de oro, por los españoles en América, simboliza esa fiebre áurea. El Tesoro de los Quimbayas del Museo de América de Madrid constituye un exponente de esos ensueños americanos. Antes de que aparecieran, río arriba, los galeones de Indias cargados con las riquezas americanas, que hizo de Sevilla un Eldorado para toda España y Europa, la ciudad del Betis, Hispalis, constituyó un objetivo para las naves bíblicas que navegaban rumbo a Tarsis-Tartesos, Eldorado de la Antigüedad.

Dominando un lateral de la acogedora Plaza de América, grávida de rosas y aleteos de palomas blancas, se encuentra el Museo Arqueológico, celoso cancerbero del Tesoro del Carambolo, deslumbrante legado de una o de unas culturas pretéritas que están en la base del ser sevillano; majestuoso y regio por ser digno de un soberano; riquísimo y vistoso por la decoración, cantidad de metal aurífero y habilidad artesanal de su factura. Bajo la luz artificial acentúa su misterio.

Sevilla y Argantonio. Naves fenicias que recorren todo el Mediterráneo para cargar oro, plata, marfil, monos y pavos reales. Sevilla y Eldorado... Galeones hispanos que andan y desandan el Atlántico para cargar oro, plata, esmeraldas, palo-brasil, guacamayos...

XIII

PATRIA DE EMPERADORES

◇◇

No resulta fácil —diríamos que imposible— encontrar una ciudad que haya sido patria de dos grandes emperadores de una Roma dueña del orbe cuando ellos imperaron. Itálica lo fue. A siete kilómetros de Sevilla, en la carretera de Extremadura, yacen las ruinas de la primera fundación romana fuera de la península matriz. Ocurre su nacimiento en el año 206 a.C. por decisión de Publio Cornelio Escipión "el Africano", después de haber derrotado a los cartagineses en Ilipa/Carmona. Apiano nos dice (*Iberia*) que el nombre de *Itálica* fue un recuerdo que se quiso rendir al origen de los primeros habitantes, soldados heridos y veteranos a los que Escipión deseó facilitarles un albergue. El lugar les recordaba a su país de origen. De grato clima y próximo al río Betis y al Guadiamar de donde tomará el agua para su subsistencia, el establecimiento se fijó sobre otro similar al de próximos cerros... No lejos quedaba El Carambolo avaro del secreto atesorado en sus entrañas. El humilde *vicus* de ciudadanos romanos-italicenses es ya un municipio durante las guerras civiles entre César y los hijos de Pompeyo. Con el emperador Adriano recibe Itálica el título honorífico de *colonia* y pasa, sin duda, de su inicial ubicación en donde hoy está Santiponce al sitio de las ruinas actuales. Adriano, recuerda Dion Casio, "honró a su ciudad patria con magníficencia y la obsequió con muchos y magníficos dones". Estas imperiales atenciones determinaron el surgimiento de una nueva Itálica, la de las Termas Mayores y del Anfiteatro (siglo II d.C.). Una ciudad con un anfiteatro o coliseo para más de 25.000 espectadores (donde debían de entrar las gentes del contorno), más de diez kilómetros de calles pavimentadas, una cerca defensiva de unos tres kilómetros, amplia y extensa traida de aguas (desde el Guadiamar y Paterna)...

De dos familias romanas radicadas en Andalucía, la de los Ulpios y los Aelios, nacerán en el siglo II d.C. los italicences Trajano y Adriano. Marcus Ulpius Trajanus, fue el primer español, primer andaluz y primer provinciano, elevado al rango imperial. Magnífico militar, dominó la Dacia (Rumania) y dió al Imperio su máxima expansión territorial. El segundo, educado por su pariente Trajano que hizo de padre adoptivo, lucha con él en las guerras dácicas y le sucede en el imperio en el año 117. El, sobre todo, es el responsable del desarrollo y embellecimiento urbano de Itálica, que vive a lo largo de las centurias tercera y cuarta su época de esplendor. Entra luego en un declinar que se consuma en el siglo VI, en cuyas postrimerías es un pueblecillo miserable convertido en ruinas en la época musulmana. Hay quien, equivocadamente, la denomina Sevilla la Vieja, o Campos de Talca.

Campos de Itálica preñados de melancolía como todo lo que fue y dejó de serlo. Nada como un paseo al atardecer por la campiña italicense comprobando el retorno e imperio de la naturaleza, y la total ausencia de unas vidas que realizaron su ciclo en este escenario. Nadie pasea, camina o corre por las calzadas; nadie baja o sube las escaleras que llevan a la segunda planta de las viviendas; nadie se acoge a los pórticos o comercia en ellos; nadie juega en las tablas incisas en las losas del pavimento; nadie se encamina a las necrópolis; nadie reposa en los patios de la casa de la Exedra o de los Pájaros; nadie se dirige al anfiteatro, al circo, al teatro o a las termas para gozar de los gladiadores, de las carreras de caballos, de los histriones o del baño. Cuesta trabajo reconstruir las casas con la imaginación, poblar las calles de gentes, revestir la masa de hormigón del coliseo con placas de mármol y rematar el graderío con la última cavea... Nos embarga una reflexiva nostalgia ante el escenario mustio... "Mustios collados" del poeta, cuya prosa persuasiva nos llega a través del tiempo: "...en medio de aquellas lastimosas reliquias, que a pesar de los días aún todavía permanece en el despoblado de lo que hoy llamamos Sevilla la Vieja, aún no están acabadas de sepultar sus grandezas, y en el silencio de aquel antiguo pueblo, el más divertido caminante da voces desde aquellos siglos la fama de sus ilustres hijos, y pide para aquellas despedazadas reliquias admiración y respeto, publicando que allí fueron las primeras cunas de Trajano, Adriano...".

XIV

LAS DOS ALFARERAS QUE LLEGARON A SANTAS

◇◇

"Lo que Marta lavoraba, se lo soñaba María" que dijo el poeta para las evangélicas hermanas, no se lo podemos aplicar a las dos alfareras sevillanas patronas tutelares de la ciudad. Las dos soñaban y las dos se afanaban con la arcilla de su alma y de su piedad. Sueña Rufina, mirándonos serenamente de frente en el lienzo de Murillo del Museo Provincial sevillano; sueña Justa de escorzo con la mirada alzada. Por los ojos se les va toda la vida —vida interior— y las manos, bellas manos, sujetan por inercia los cacharros de barro nacidos de su habilidad y las palmas del martirio sin que ningún mecanismo cerebral lo ordene. En cuadros dispersos por el extranjero las dos hermanas observan idéntica postura; pero no vamos a desplazarnos a Los Angeles, Caracas o Dallas para dialogar con ellas. Podemos ir a la citada pinacoteca o a la Catedral hispalense donde un Murillo y un Goya recogen a las enteras figuras de las Santas, que en el pincel de Bartolomé Esteban plasma la tradicional creencia de que las dos hermanas sostuvieron a la Giralda en un terremoto: "La torre de Sevilla/Se está cayendo;/Santa Justa y Rufina/la están teniendo". Similar composición empleó Goya en su pintura de la capilla de los Cálices, aunque aquí las Santas no sostienen a la Torre Mayor, sino los consabidos cacharros que no son de barro sino de porcelana, y la Giralda se desplaza, detrás de Rufina. En la misma catedral Hernando de Sturmio repite el tema con modelos nórdicos muy alejados de la mujer andaluza, y Duque Cornejo lo materializa en unas imágenes que forman parte del desfile procesional del Corpus. Justa y Rufina, nombres antes usados por las mocitas sevillanas, aparecen por doquiera en la ciudad, incluso en el callejero. Si ponemos un poco de atención veremos que estas dos tortolitas en la versión murillesca fueron contumaces cristianas. Ellas nos dirán que todo comenzó en un caluroso mes de julio del año 287, en la sevilla romana, cuando "cierto corro de mujeres gentiles" celebraban las Adonías o fiestas en honor de Adonis. Las féminas paganas lloraban la muerte del dios y celebraban su resurrección en procesión llena de cánticos y bailes. Las dos alfareras vendían su cerámica en el foro. Los seguidores de Adonis pasean una imagen de Salambó (Venus babilónica), la Afrodita o Venus que llora a Adonis. Ante el puesto de las alfareras pretenden que estas realicen un acto de adoración, que les entreguen algún vaso para su diosa. Las alfareras se enfurecen, claman que los dioses romanos carecen de pies, manos y ojos y derriban al ídolo originando un altercado que acaba con la prisión de las dos hermanas. Es el comienzo del martirio, y la prueba de la existencia en Sevilla de una comunidad cristiana. Justa muere en la cripta de la iglesia de la Trinidad cerca de la puerta de Córdoba; el cuerpo de Rufina, según el Pasionario Hispánico XXXVI, fue llevado al anfiteatro para ser quemado. A partir de aquí la piedad, blanda como la fresca arcilla, se deja trabajar y moldear para transformarse en embelesadores milagros: el obispo Sabino extrae el cadáver de Justa del pozo en el que lo arrojaron; a Rufina no la tocó el león a la que fue echada; los cuerpos de las dos mártires desaparecen...; los cuerpos nunca consintieron en salir de Sevilla... Cuando un devoto sevillano le pidió al Papa unas reliquias, el Pontífice le hizo traer una poca tierra sevillana del prado donde las santas estaban enterradas y, cuando la tuvo en sus manos, la apretó y al punto rezumó sangre... No era preciso llevar reliquias a Sevilla.

XV

PONERLE PUERTAS A LA CIUDAD

◇◇

¿Quién le pone puertas a la ciudad? Se escapa, no admite fronteras, para teñir de sevillanidad a otros escenarios; al tiempo que se abre generosa y deja que penetre en ella quien quiera, sabedora de que a la larga será parte suya. A pesar de este abrimiento Sevilla es, alguien lo dijo, clausura; y la clausura exige puertas. Puertas para ingresar en el alma, puertas que no se ven. Como las que existieron antaño para entrar o salir o establecer una fiscalización y que ya no son, pero que sirven todavía para fijar una referencia.

De la docena de puertas y postigos con que contó la Sevilla islámica y la cristiana quedan cuatro convertidas en testimonios arquitectónicos de un pasado, más o menos transformados: arquillo de la Plata, Postigo del Aceite, Puerta de la Macarena y Puerta de Córdoba; y otras seis que son meras indicaciones del callejero: Jerez, la Carne, Osario, Carmona, Real y Triana.

La Puerta de Triana se va perdiendo como referencia urbana. Ya nadie recuerda el final trágico que en ella —convertida en cárcel— tuvo el "afrancesado" conde Aguila a manos de una turba instigada. La Puerta Real o de Goles (Hércules = Hergoles) por donde entró Felipe II en 1580 mantiene su valor de hito por continuar su solar siendo una encrucijada viaria. Desde ella se ingresaba en la calle de las Armas (ahora Alfonso XII) en la que vivieron Cieza de León, Santa Teresa y el general Miramón, y estuvo el Colegio de San Gregorio. La Puerta de la Macarena (bāb-Maqārana) lo mismo es puerta que arco triunfal para la Señora; y la bāb-Qurtūba (Córdoba) es la única del recinto musulmán conservada con pureza. Quedan Osario, Carmona, la Carne y Jerez, esta última señalando el camino de Cádiz, sin aglutinar barrio alguno en torno, que los musulmanes llamaron bab-Saris.

De cara a oriente se alzan la Bāb-Ȳahwar, bib Johar, Minjoar, Puerta de las Perlas o Puerta de la Carne, por donde se salía a los palacios de la Buhayra, luego al cementerio judío y después al matadero que abastecía de carnes. Hacia ella, hoy confluyen en parte los barrios de San Bernardo, Santa Cruz, San Bartolomé y la Florida convirtiéndola en animado carrusel.

Igual acontece con la Bāb-al-Maqbara o al-maqābir, posible traducción de Puerta Osario o Fosario, también llamada Bib-Alfar por tener salida a un cementerio (maqbara).

A partir de mediados del siglo IX Sevilla, entonces Išbīliya, era una ciudad bien amurallada. Había tenido cerca con los romanos que los musulmanes ampliaron y consolidaron al tiempo que elevaban al cielo límpio la gran mezquita de Ibn Adabbas, donde hoy se encuentra el templo de El Salvador. Para acabar con su resistencia frente a Córdoba, el emir Abd-al-

Rahman III derribó las murallas en el 913-14, e Išbīliya tuvo que esperar al año 1023, cuando se había constituido en taifa con los Abbadí, para volverse a poner el velo de la cerca. Obra almoravide y almohade la muralla sucumbió ochocientos años después bajo la piqueta progresista y revolucionaria de 1868. Permanecieron los arcos y puertas citadas y algunos trozos de lienzos que emergen vergonzantemente por el Alcázar, el callejón del Agua, la Puerta de Córdoba, la Macarena…

XVI

DOS TORRES HERMANAS: DE ORO Y DE PLATA

◇◇

Cuando de nombres árabes se trata los estudiosos no se ponen de acuerdo en la ortodoxa forma de su transcripción. Mérito del gobernador Abrídola dicen unos, Ad-Abu-el Ola escriben otros, Abul -Ula al'Ma'mun para los más entendidos; mérito decimos de este gobernador, luego convertido en califa de Sevilla, es el haber construido a partir de 1220 el edificio llamado Borg-al-Azahal o Borg-Al-Dsayeb para los más profanos, y Burŷ-al-Dahab para los más sabios, pero que significa lo mismo: Torre del Oro. Puestos a explicar los autores el porqué de su condición dorada incurren en diversas versiones. Fue Torre del Oro ya desde la época almohade, por lo que no tiene base el afirmar que se llamó así porque en ella depositó oro Don Pedro I o porque se guardaban los tesoros —el oro y la plata— venidos de América. El cronista Luis de Peraza, en el Quinientos, incurre en contradicción, ya que la describe "labrada por de fuera de azulejos, en los cuales dando el sol reververa con agradable resplandor"... Tal revestimiento de azulejería amarilla al ser herido por el sol convertían al monumento en una torre. ¿de oro o dorada? De oro, estiman algunos, aunque es más lógico llamarla dorada. Pero el mismo Peraza afirma que es Torre del Oro "por los tesoros que el rey Don Pedro de Castilla teníán guardados allí". En efecto, López de Ayala, dice que el rey "avía en monedas de oro e de plata en Sevilla en la Torre del Oro e en el Castillo de Almodóvar, ciento e sesenta cuentos" (millones). No parece haber estado revestida de azulejos dorados, y si pintado de almagre el primer cuerpo.

Con todo, don Pedro, gran amador, encerró dentro de sus muros un preciado tesoro. Uno, que tomó en el año del Señor de 1357 del monasterio de Santa Clara, y que se llamaba doña Aldonza Coronel, hermana de doña María Coronel esposa de don Juan de la Cerda. Doña Aldonza que según el canciller Pérez de Ayala había solicitado al soberano perdón para su esposo, don Alvar Pérez de Guzmán, que estaba en Aragón, aprovechando la tregua existente entre este reino y Castilla, salió del cenobio "maguer que al comienzo a ella no placía cuando esto se trataba, pero después ella de su voluntad salió del monasterio y púsola el rey en la Torre del Oro, que es en la Atarazana, por cuanto doña María de Padilla estaba en el Alcázar del rey, y dejó allí caballeros ciertos que la guardasen...". No se fiaba don Pedro por aquello de que cree el ladrón, que todos son de su condición.

Del Alcázar a la Torre, sin duda a través de sus mismos jardines, discurría don Pedro a contentar a sus amadas. No duró mucho el desvarío del rey por doña Aldonza. Un día se fue de cacería; y estando en Carmona hizo traer a doña Aldonza, pero ya no estaba tan enamorado de ella, "antes, secretamente, enviaba sus cartas a doña María de Padilla, diciéndole que podía estar segura "que él no curaría mas" por doña Aldonza, a la que abandonó en Carmona y la cual nunca más regresó a la Torre del Oro, vacía de su ilustre e infiel inquilina.

La torre hemos de imaginarla vestida con el atuendo de azulejos que Peraza le supone, cual guerrero de armadura dorada defensor del río; desposado con el Alcázar, al que le alarga la mano de una coracha, y con la orilla derecha a través de una cadena.

Después de ser orgulloso baluarte defensivo se convierte en capilla y en prisión. Venida a menos, como todo el conjunto del Arenal, sufre el terremoto de 1755, que algunos interpretaron como una sentencia de muerte. Tan dañada quedó que el Asistente marqués de Monte Real pretendió demolerla "a efecto de dejar el paso de San Telmo al puente más derecho", según consigna don Luis Germán y Ribón. No prevaleció tal criterio, y a partir de 1760 se le restaura y transforma con encinchamientos y el añadido del cupulin o tercer cuerpo a imitación de lo que Hernán Ruiz hizo a finales del XVI en la Giralda. Nueva sentencia de muerte, casi un siglo más tarde, y ahora a cargo de los que han derrocado a Isabel II. Los "revolucionarios" pareceres de la Revolución del 68, que apresuró el derrumbe de las murallas, no dudaron en poner en venta la Torre del Oro como material de derribo... Todavía tiene tiempo de ser almacén de pólvora y sede de oficinas para la Compañía del Río Guadalquivir, antes de pasar a ser Museo Naval.

Sin tantos mudamientos, más púdica, menos ostentosa, visible y procativa, la Torre de la Plata persistirá en arroparse con la arquitectura ideada a principios del XVIII por Vermondo Resta para dos comerciantes flamencos que habían recibido aquellos solares degradados y antes pertenecientes al Alcázar. Mas lejano, el Postigo del Aceite y, a partir de él, las naves de las Atarazanas, la Maestranza de Artillería, la iglesia de la Caridad y su hospital, la Aduana, la Casa del Azogue, el Postigo del Carbón, la Casa de la Moneda... se tocan con la mano desde la Torre del Oro, y encubren y ocultan a su hermana la Torre de la Plata, impedida de asomarse al río para ver salir y llegar los galeones de América y los vaporcitos Sevilla-Bonanza quietos ya para siempre en el Museo Naval de la Torre del Oro.

No le extrañe encontrarse con la torre sola, en vistas de la ciudad, o acompañada de personajes, en sellos, maquetas, pinturas, grabados, dibujos y fotografías. Unas veces será, como es, dodecagonal, pero otras veces la representarán los artistas redonda, exagonal, octogonal, decagonal con dos o tres cuerpos... Tres a partir de 1760. Tampoco se extrañe hallarla en algunos escudos de ciudades del norte español; ellas así lo han querido para vanagloriarse de haber participado en la reconqusita de Sevilla con la marina de Ramón Bonifaz.

XVII

LEYENDA DE UN REY QUE AMO MUCHO MUJERES

◇◇

Hay noches en que por las galerías y salones del Alcázar, las escaleras de la Torre del Oro, la encrucijada de la calle Candilejo, las callejuelas del barrio de Santa Cruz donde vivían sus amigos los judíos, los alrededores de los conventos de Santa Clara y Santa Inés y los campos de Tablada y Carmona, se oye un extraño ruido producido por alguien que, invisible, deambula haciendo un camino eterno. Donde más fuertemente se percibe el transitar de este ser incorpóreo es en el Alcázar. Todos están convencidos que se trata del alma de don Pedro el Cruel o el Justiciero, hijo de Alfonso XI y de María de Portugal. Unas veces pasa el alma de un niño infante; otras veces es la del joven príncipe; y otras las del rey con 30 años. Que muchos más no llegó a alcanzar. No cumple castigo alguno con su perenne vagar porque no fue totalmente responsable de lo que hizo. Prolonga el torbellino de su vida trepidante, inquieta y tumultuosa.

Comenzó a reinar a los 16 años y, enseguida, fue presa de la leyenda y la poesía. Su padre el rey vivía más para la favorita Leonor de Guzmán que para su esposa, apartada en el Alcázar en unión del hijito. Doña María vióse repudiada por el rey que desilusionado por la muerte del primer hijo, se entregó a la favorita que le dio ocho varones y una hembra, entre ellos los famosos gemelos Fadrique y Enrique, respectivamente, Maestre de Santiago y Conde de Trastamara primero y rey de Castilla después. Para uno o varios dramas contamos ya con los personajes: un rey, dos madres (esposa y amante), dos hijos ilegítimos y uno legítimo. La reina esposa postergada, María de Portugal, ordenará matar a la favorita al morir el rey. El nuevo soberano e hijo legítimo mataría al hermano bastardo Fadrique. Y el bastardo Enrique eliminará a su hermano legítimo y rey, Pedro. Este es el eje de la Historia y de la Leyenda. La historia:

Un día aciago, el infante Pedro padeció una parálisis cerebral, que determinaría para siempre su conducta patológica ¿Loco? ¿Megalómano? ¿Cruel? ¿Resentido? ¿Erotómano?. Más que nada fue un enajenado mental por enfermedad y por amor. Impulsivo, inestable, violento y abúlico a la par, don Pedro —sus comportamientos— son explicables acudiendo a la patología y a una deficiente, por carente de energías, educación. Impulsividad violenta que proyectó hacia sus enemigos, o dejó escapar por la vía del amor pues "amó mucho mujeres".

Amó locamente y siempre a la sevillana María de Padilla, presentada en Sahagún (1352) por su ayo Juan Alonso de Alburquerque y la reina madre doña María. La pasión del rey don Pedro por la Padilla, "pequeña de cuerpo, pero de entendimiento grande, e dotada de gracia y fermosura", era tal, que cuando matrimonió en Valladolid con Blanca de Borbón esperaba ya un hijo de la favorita a cuyos brazos volvió a los dos días de estar con doña Blanca. "Nunca fizo aprecio" de esta y la enclaustró en Arévalo, Toledo y Sigüenza sin volver jamás a verla. Poco después el vehemente monarca se enamoró de doña Juana de Castro, hermana de la desgraciada Inés de Castro y viuda de don Diego de Haro, casándose con ella gracias a que dos obispos la convencieron de que el matrimonio real con Blanca de Borbón era nulo. La unión duró días, el tiempo justo para que doña Juana quedara embarazada y se retirara a Dueñas a usar el título de reina. Así eran dos, una pareja, las esposas-reinas preteridas. Mientras, la Padilla, despechada, se hizo el propósito de encerrarse en un convento sin perseverar en sus intenciones. A la Padilla le bastaba con don Pedro, pero éste, pese a su preferencia, no se contentaba con la sevillana y tuvo escaramuzas amorosas y hasta hijos con María Fernández de Hinestrosa prima de la Padilla, con cierta doña Isabel, nodriza de su hijo Alfonso, y "con otras dueñas" carmonenses. Más, ningún delirio amoroso como el que le inspiraron las hermanas María y Aldonza Coronel. Aquí ya entra la leyenda:

Unicamente las lámparas de los retablos callejeros prestan una mínima luz al viandante nocturno. El que vamos a seguir es alto y embozado. Ha salido por un portillo del Alcázar; sólo, sin despedirse siquiera de quien, farol en mano y alzado, agacha la cabeza por debajo del mismo en señal de respeto. El personaje conoce bien el intrincado callejero islámico, pues no duda ni un momento. Recorre la calle Abades hacia San Isidoro. La aventura amorosa a la que va dispuesto queda rota por un lance. Otro amador le ha salido al paso y los dos hombres se enfrentan con sus espadas. No se oye sino el chocar de éstas, el bailador taconeo y sus respiraciones agitadas. Justo en el momento en que uno de los contendientes atraviesa certeramente al otro, la luz de un fanal con el que una mujeruca escudriña desde una ventana a la calle, viola la oscuridad. Apenas ve nada, pero oye. Oye el derrumbe de un cuerpo y, luego, el ruido de unas canillas que se alejan rápidamente. La mujeruca tiembla porque sabe que el matador es el rey, aunque no está segura si el ruido procede de las choquezuelas o de la cota de malla movida a causa de una ligera cojera.

El rey, justiciero, reconoce su falta ante la ciudad, y como no puede decretar su propio castigo, ordena que para vergüenza pública y advertencia se coloque en la encrucijada del drama, entre Candilejo y Cabeza del Rey Don Pedro, su busto de terracota.

Otro día, los itinerarios amorosos del soberano le llevan hasta las hermanas Coronel, doña Aldonza y doña María. La primera, después de una inicial resistencia acaba cediendo y convirtiéndose por un tiempo en tesoro de la Torre del Oro. Poco tiempo; porque don Pedro, al igual que don Juan Tenorio, necesita escasos días en sus conquistas: "Uno para enamorarlas,/otro para conseguirlas,/otro para abandonarlas,/dos para sustituirlas/y una hora para olvidarlas".

Doña María pidió al rey en Tarazona merced para su esposo, don Juan de la Cerda, y el soberano le dió cartas disponiendo que se lo entregasen vivo aunque sabía que antes que aquellas misivas "llegasen a Sevilla, sería don Juan muerto. Y así fue, que cuando Doña María llegó a Sevilla, fuera Don Juan muerto bien había ocho días". Quiso el rey repetir su fechoría amorosa con esta ya viuda. Pero doña María no era fácil presa, y su cerco tan difícil como el de Zamora. El rey, acostumbrado a imponer deseos e inclinaciones, acentúa el acoso. Doña María huye al convento de Santa Clara acogiéndose a su clausura. Tiene que esconderse en un hoyo donde se le recubre con tierra en la que nacerían milagrosamente unas matas de perejil. Los esbirros del rey no la encuentran y don Pedro insiste en sus persecuciones obligando a doña María a desfigurarse el rostro con aceite o fuego. El insaciable amador se asquea y huye al contemplar la cara de la hermosa y apetecida dama repugnantemente desfigurada. Doña María murió en 1409. Amortajada fue colocada en una urna sepulcral, en el lado izquierdo del coro del convento de Santa Inés, que ella fundó.

Don Pedro murió antes, en 1369, y quiso que sus restos descansaran en Sevilla: "quando finamiento de mi acaescier, mando que el mi cuerpo que sea traido a Sevilla". Hasta 1877 no se cumplió esta cláusula, cuando ya había muerto tocando el órgano en el Monasterio de Santa Inés el becqueriano maese Pérez que, secretamente, se había enamorado de Doña María Coronel. Para ella era el "sollozo ahogado dentro del tubo de metal..." Maese Pérez sucumbió de felicidad una Nochebuena, al comprobar que doña María le sonreía. "En aquel instante, la nota que maese Pérez sostenía tremendo, se abrió, se abrió, y una eclosión de armonía gigante estremeció la iglesia en cuyos ángulos zumbaba el aire comprimido y cuyos vidrios de colores se estremecían en sus angostos ajimeces".

El órgano sonó nuevamente en solitario... "como sólo los arcángeles podrían imitarlo... en sus raptos de místico alborozo". Volvió maese Pérez a pulsar sus teclas para originar una indescriptible sinfonía; volvió don Pedro a escucharlo y en pos siempre de doña María cuya mancha le atrae y repele a un tiempo. Sigue sin vencer su virtuosa entereza. Derrotado, retorna, como siempre lo hizo, a Doña María de Padilla que le espera en la Capilla Real catedralicia. Acallada la singular música del órgano lo que se oye es el discorde y extraño ruido que hacen los huesos del Rey al caminar...

XVIII

REYES Y REINAS PARA UN ALCAZAR

Puerta del León; Patio de la Montería; Patio del León; Cuarto del Almirante; Casa de la Contratación; escalera; residencia regia con sus saletas, oratorio, salas, dormitorios, comedor, cámaras, antecámaras; de nuevo escalera para descender; Palacio del Rey don Pedro con el Patio de las Doncellas, Salón de Embajadores, Patio de las Muñecas... El corazón de esta escenografía de las mil y una noche fue, no sólo el primitivo alcázar del gobernador Omeya, sino el Palacio de la Bendición (al-Mubarak) de los abbadíes que el rey poeta al-Mutamid evocará en su destierro del Atlas rodeado por un paisaje totalmente diferente, huérfano de verjeles, gacelas, torres y salones como el de las Pléyades.

Primero hubo un alcázar para el gobernador Omeya; derruido, surgió una nueva residencia por instigación de Abd al-Rahman III. De aquel palacio llamado Dar al-imara quedan los recios lienzos torreados que abrazan una parte del Patio de Banderas. Hundido el Califato, en Sevilla sobresale la familia de los

Abaddíes, que convertirán a la ciudad, no solo en capital de un reino, sino en sede de maravillosos palacios. Al-Mutadid y su hijo al-Mutamid se encargarán de fabricar el *Qasr al-Zahir* o Castillo brillante al otro lado del río, más tarde denominado al-Faray o Castillo del Mirador en San Juan de Aznalfarache; el *Qasr al-Zahi*, pequeño palacio muy querido por el rey-poeta, elevado donde hoy crece la Torre del Oro, al lado mismo de la Pradera de la Plata en la que conoció a Rumaykyya; *al-Mukarram*, el Reverenciado, por San Juan de la Palma; y *al-Mubarak*, al lado de lo que había sido morada del gobernador Omeya. Desaparecido casi en el siglo XIII, expoliado, sobre él y en torno a él se añadirán y superpondrán sucesivas construcciones hasta enmascararlo totalmente.

Cal y estuco; mármoles y ladrillos; robustas y frágiles columnatas; patios y salones; artesonados y mocárabes; glorietas y pabellones; albercas y fuentes; cipreces y palmeras; naranjos y jazmines; borduras de mirtos y arrayanes se entremezclan para crear un ambiente paradisíaco donde no debieran de tener cabida las maquinaciones, deslealdades e infortunios. Intrigas, tragedias, traiciones y desdichas que han convivido con ensoñaciones, quimeras, ilusiones y fidelidades. Prosa y poesía. Alcázar del ensueño, idóneo para la vida placentera, amorosa, vivificante, y para el odio, la pasión, la sangre y la muerte.

Mutamid, el rey-poeta, el último rey de Išbīliya, vive apasionadamente sus amores con Rumaykyya o I'timad a la que hace soñar con nieves llenándole las albercas de alcanfor, canela y ámbar, y ordenando plantar de almendros y melocotones en flor sus jardines. El mismo Mutamid que hace prisionero a su amigo fraterno Ibn Ammar, lo asesinaba por traidor, y entierra allí en el Palacio de la Bendición.

La academia literaria que al-Mutamid reunía en torno, mantiene su vena lírica en el quehacer poético del rey Sabio, que redactó en este ambiente buena parte de las *Cantigas* y otras obras.

Es posible que *El Libro de la Montería* de Alfonso XI surgiera en el Alcázar sevillano; más cierto es que de este soberano y su amante Leonor de Guzmán nacieron los gemelos Enrique de Trastamara y Fadrique, el Maestre de Santiago, hermanastros de Pedro I el Cruel o Justiciero. La pasión del Rey onceno por doña Leonor de Guzmán, la superaría la de su hijo por una sevillana de la Macarena.

Hubo menos poesía con Pedro el Cruel, aunque su palacio fuera "llamado vergel de muy gran folganza, donde el amor fue coronado, e floresce su alabanza"... El dios Amor se vió coronado gracias a las legēndarias relaciones del Justiciero con la Padilla. Todavía en el siglo XIX los viajeros románticos contaban que en cierta ocasión que el rey mostraba a sus cortesanos los baños de su amante, uno de ellos negose a beber el agua de los mismos, alegando temer que en gustándole la salsa le pudiera gustar la perdiz... Ama intensamente don Pedro como Mutamid, y mata como aquel desdichado soberano. El rey castellano "grande de cuerpo e blanco e rubio", en la descripción de Lope de Ayala, "Marchando sobre la alfombra/no se oía sus pisadas/pero sordas le crujían/siempre que se meneaba/canillas y choquezuelas... (Duque de Riva: *El alcázar de Sevilla*). Turbador y delator ruido; el último que oyó el maestre de Santiago don Fadrique, seguido de la fatídica orden del rey: ¡matadle!

Volvió la corte literaria al Alcázar con Enrique II, sevillano él, el Trastamara bastardo de Alfonso XI y Leonor de Guzmán.

Ninguna razón poética trajo al alcázar sevillano a los Católicos Reyes en el verano de 1477. Venían a imponer orden. Pero no faltaron los torneos, justas y galanteos porque, ¿Quién se resitía al amor en palacio hecho para eso? En el verano siguiente nacía el malogrado príncipe don Juan, cuyo recuerdo pervive en el Salón del Príncipe, contiguo al Patio de las Muñecas.

Volvió el Alcázar a vibrar poéticamente en la primavera de 1526. De amores por los desposorios de Carlos I con Isabel de Portugal tan bellamente pintada por Tiziano; de poesía por los mismos amores y por la presencia de Baltasar de Castiglione, Andrés Navajero, Juan Boscan y Garcilaso de la Vega. El Renacimiento se hizo presente en Sevilla, y por los jardines de fantasía pasearon y divagaron los desposados y los poetas. Fue una primavera irrepetible.

A Felipe IV le correspondió ser el último Austria en el Alcázar; y con el soberano el poderoso Conde Duque de Olivares, a cuyo alrededor se aglutinaba un grupo de poetas: Rioja, Jáuregui, Arguijo, Rodrigo Caro.

Casi cien años más tarde volvió un rey de España al Alcázar, Felipe V, cuya hija María Antonia Fernanda, reina de Cerdeña, nace aquí. Sevilla fue Corte durante muchos años, y la nobleza sevillana giró en torno al viejo Alcázar que continuaba albergando amores y odios, intrigas y fidelidades.

La postrera historia de amor la vivieron los novios Mercedes de Orleans y su primo Alfonso XII en los rescatados jardines. Desde 1848 Sevilla acogió a don Antonio María Felipe de Orleans, duque de Montpensier e hijo del rey de Francia y a su esposa la infanta Luisa Fernanda, hermana de Isabel II. De nuevo el idilio se entrecruza con la tragedia. Porque los amores —amores románticos: ¿Dónde vas Alfonso XII?— de la joven pareja tienen de fondo el azaroso telón de las rivalidades de sus parientes. Montpensier intriga contra Isabel II y ayuda a destronarla, y mata en duelo al primo de ésta y hermano de su marido, el sevillano don Enrique María Fernando de Borbón.

Al-Mutamid, el primero, se vió obligado a abandonar el palacio del ensueño, de la bendición o bendito, camino del exilio. Montpensier llegó a él empujado por el exilio. Llora el rey árabe en la Pradera de Plata del Río Grande lágrimas que las aguas de este arrastran y llora al-Mubarak por la ausencia del rey-poeta y de todos los reyes que por el han sido.

XIX

HISTORIAS DE AMOR Y DE DESAMOR

◇◇

Después de unas cuestionables obras en su estructura, cayó desplomado el techo de la Biblioteca Capitular y Colombina, afectando gravemente a varias de las ricas piezas bibliográficas allí guardadas. Con cierto sigilo los fondos fueron trasladados. Nadie resultó culpable de nada. Se había añadido un nuevo capítulo a una Historia, no de amor o desamor, sino de ignorancia, iniciada a mediados del siglo XVI. Y los responsables y la ciudad siguieron sin tomar conciencia del significado y valor de lo allí atesorado. Es más, muchos, ni siquiera sabían donde se encontraba situada la citada Biblioteca que el derrumbe y la inminencia de una fecha puso de moda. Pero la Historia de la Biblioteca Colombina, no es la de quienes la crearon; ésta comienza mucho más atrás. En 1485. Así:

"Hubo un hombre de tierra de Milán, mercader de libros de estampas, que trataba en esta tierra de Andalucía, y principalmente Sevilla, que llamaban Cristóbal Colón". La verdad es que no era de Milán; en esto se equivoca su amigo el cura Andrés Bernáldez. Era de Génova. Vendía libros ilustrados recién inventada la imprenta para sustentarse en "esta tierra de Andalucía" a la que había llegado con intenciones de lograr apoyos para un plan descubridor que muchos tuvieron por "vano y falso", erróneo en su concepción, e irrealizable.

Pretendiendo entrevistarse con los Reyes Católicos, el ligur arriba a Córdoba en enero de 1486. Los soberanos no estaban y Colón aguardó, durante tres meses, el retorno de la Corte. Hizo amigos cordobeses, aunque no debió ser entonces, sino al año siguiente, cuando conoció a la joven Beatriz Enríquez de Harana, hija de unos sencillos labradores vecinos de la aldehuela de Santa María de Trassierra, la cual, muertos sus padres, quedó bajo la tutela de un tío, Rodrigo Enríquez de Harana, residente en Córdoba. Este frecuentaba, al igual que su hijo Diego de Harana, la tertulia del boticario Leonardo de Esbarroya, compatriota de Colón, que recaló por ella. Amistóse con Diego, quien, sin duda, le invitó a su casa y presentó a la prima Beatriz, joven de unos veinte años. El futuro descubridor fue no sólo descubierto, sino conquistado. Porque ella, atraida por el halo de misterio que rodea siempre al extranjero —y éste, que ocultaba un "secreto", debía de poseerlo sobremanera— lo atrajo y sedujo en el otoño cordobés de 1487. Buena época para el amor. Así, los personajes de la Historia pasan a ser cuatro, al dar a luz Beatriz un niño en agosto de 1488, bautizado con un nombre extraño en ambas familias —Fernando—, pero que era el del rey en quien, al parecer, Colón intuía que sería su valedor.

Sólo una vez se reencontraron Cristóbal y Beatriz: al regresar triunfante de su primer viaje (en el cual le acompañó Diego de Harana), cuando se dirigía a Barcelona para participar a Sus Altezas la buena nueva. El ya Almirante de la Mar Océana, o ex vendedor de libros de estampas, recogió a su hijito, de cinco años, y le dijo adiós para siempre a la breve amante. A partir de 1493 ¿cómo transcurrieron las vidas y relaciones del triángulo Cristóbal-Beatriz-Hernando? Ella, desilusionada y abandonada, no fue fiel al genovés. El, borracho de gloria y enredado en dificultades, prescinde de ella, aunque en 1502 le ruega a su hijo Diego que la cuide como si de su madre se tratase, pero sin decirle quien es, recomendación que reitera en su testamento "para descargo de su conciencia" y por razones que no proceden mencionar. El hijo natural, desposado con sus libros y la memoria de su padre, relega a la madre y sólo la citará en su testamento sin dar su nombre. Fijando hitos: Cristóbal Colón murió en 1506; Beatriz Enríquez desaparece hacia 1532; y Hernando Colón falleció en 1539; ¡Qué coincidencia! Ese mismo año el impresor Juan Cromberger hizo "pacto e postura e combeniencia e sosegada" (¡qué bella esta literatura jurídica del pasado!) con su oficial Juan Pablos para llevar a México una imprenta. De la calle Pajaritos, que antiguamente se llamó de la Imprenta, salió el operario Juan Pablos con la primera prensa de imprimir que hubo en América.

Algún biógrafo considera que el alejamiento del amante y el desapego del hijo tienen su razón de ser en el comportamiento de Beatriz ¿O explica tales desamores la condición rústica de aquella huérfana cordobesa imposible de vincular a todo un Almirante, Virre y Gobernador? Igual de imposible resultaba relacionarse con el lanero Doménico Colombo por muy padre que fuera del Descubridor. Nadie ha ahondado en esta historia, donde quizá yacen las freudianas razones del celibato de don Hernando y del amor desmesurado a su padre.

Don Hernando, que pasó la infancia en la Corte de paje, acompañó al Almirante en su cuarto periplo con 14 años. Tenía 18 al fallecer su progenitor, y 35 al desaparecer su madre. Al cariño que rinde a la memoria de su padre —expresado en la *Historia* que de él escribe— une Hernando el apego a los libros... y el desapego a su madre. Hernando estrena su afición de bibliófilo en 1509, la cual en 1513 se manifiesta como proyecto de integrar una gran biblioteca. De 1512 a 1536 viaja por los dominios europeos del Emperador haciendo amistades y comprando libros. Un equipo de entendidos le secunda en la tarea. Los libros se consignan en un *Registrum* y don Hernando apostilla los impresos que adquiere o lee con precios y noticias anecdóticas: me lo regaló y dedicó Erasmo, lo compré en León haciendo grandísimo frío y niebla, lo leí en Sevilla mientras comía, etc. Los colaboradores confeccionaron un Indice General Alfabético, al que se uniría un libro de resúmenes, una catalogación por materias, etc. El número de impresos reunidos en su casa-palacio de la Puerta de Goles sobrepasaba los 15.000 títulos, entre los se encontraba la pequeña y valiosísima biblioteca de su padre representada por *Imago Mundi* de Pierre d'Ailly, *Historia rerum* de E.S. Piccolomini, *Libro de Marco Polo, Almanaque perpetuo* de Abraham Zacuto, *Historia Natural* de Plinio, *Libro de las Profecías*... etc. Una riquísima colección de grabados completaba el fondo que su dueño desea deje de ser privada según memoriales que eleva al Emperador solicitándole ayuda. Al no lograrlo, Hernando establece en su testamento el destino de la biblioteca cuyo futuro le preocupa. Tanto le obsesiona, que para conservarla e incrementarla dispone la venta de todos sus bienes y exige a su heredero, el sobrino Luis Colón, el gasto mínimo de 100.000 maravedises anuales. Si Luis no aceptaba el legado, pasaría al Cabildo Catedral y, tras éste, quedaban como herederos los dominicos de San Pablo. Doña María de Toledo, casada con Diego el hijo primogénito de Colón, burló la decisión de su cuñado y depositó la Biblioteca en el convento de San Pablo (1544). El Cabildo catedral, lógicamente, protestó y en 1552 entró en posesión de tan preciado tesoro bibliográfico.

Don Hernando reposa hoy en el trascoro de la catedral hispalense, vecino a los restos de su padre y a su Biblioteca en el cercano Patio de los Naranjos.

El Viejo Almirante vió frustrados sus sueños de grandeza; a Beatriz se le deshizo la ilusión de ser la esposa del extranjero; el hijo natural de ambos no logró que su librería se llamase "Biblioteca Fernandina", ni que creciera y se conservara pues su sobrino era entonces un niño y, luego, un tarambana.

Tal vez algún lector se haya atrevido a imaginar lo que sería hoy la casa-palacio de Hernando Colón, con sus mármoles italianos y plantas americanas, con sus anaqueles y libros. Le aconsejamos que no imagine. La mansión, incluidos muebles y grabados, la compró el banquero genovés Francisco Leardo, quien en 1594 la vende a los mercedarios para establecer allí el Colegio de San Laureano, a base de eliminar parte del palacio cuyos jardines seguían asomándose al río en el plano de Olavide. Mientras, los "20.000 cuerpos de libros" de don Hernando se situaron con los de la Biblioteca Capitular en lo alto de la Nave del Lagarto

(1562). Casi un siglo más tarde (1684) sólo quedaban 4.000 volúmenes. Incurias, goteras, humedades y expolios mermaron notablemente el tesoro fernandino. Olvidos y desamores. Olvidos y desamores de Colón hacia su amante; del hijo hacia la madre; y de los legatarios de éste hacia su herencia.

XX

EN POS DE AMERICA

◇◇

"Claro está
Que ciudad tan rica y bella,
Viviendo despacio en ella,
más despacio admirarás".

Lope de Vega: *La Estrella de Sevilla*.

En 1493, con Colón, llegó América a Sevilla; ya nunca más se ha ido aunque su presencia no se ha hecho sentir de igual manera. En 1502 marchó Sevilla, con Colón, al Nuevo Mundo; desde entonces la ciudad ha seguido yendo, unas veces más que otras. Sin América Sevilla no hubiera sido la Sevilla Imperial del cronista Luis Peraza, o lo hubiera sido menos. Un camino de agua, el río, es la columna vertebral de esas relaciones; columna o eje con dos extremos que no son los del poeta ("Te vi en Cazorla nacer/hoy, en Sanlúcar morir"), sino los que marcan la ciudad del Betis y todas las ciudades americanas, aunque en Sevilla se unían esos extremos, al decir de una letrilla que ya en el XVI se leía en la Puerta de la Macarena:

"Extremos serás del mundo.
Sevilla, pues en ti vemos
juntarse los dos extremos".

El Guadalquivir, el más americano de los ríos al decir de un ilustre mexicano, se constituyó en el primer tramo de una Carrera de Indias enlazadora y trasmisora. Todavía es factible arribar a la ciudad por ese río a semejanza de los viajeros del siglo XIX para realizar en ella una peregrinación: buscar a América en Sevilla.

Los visitantes de antaño, después de narrar sus experiencias en el casco antiguo, pasaban a describir los alrededores. Vamos a invertir el itinerario partiendo de la orilla derecha, la que en el conocido cuadro de Sánchez Coello adornan damas y caballeros que se solazan y barcos echados al monte que se adoban. A la vera del templo trianero de Santa Ana, contrastado gótico en el barroco local, el viandante está en condiciones de considerarse situado en el corazón de un barrio, cuyos hortelanos, artesanos y marineros cultivaron verduras, fabricaron vino, aceite, pólvora y cerámica, y anduvieron desvelando y debelando el mapa de América desde 1500, años más, años menos. La Virgen de la Victoria venerada en tal iglesia y tres monasterios de esta orilla recuerdan aquel pasado de hortelanos, artesanos y marineros. Rodeado por un moderno y no ejemplar urbanismo, junto a la Plaza de Cuba se alza lo que resta de lo que fuera convento de los Remedios e Instituto Hispano-Cubano, en una de cuyas paredes se le evoca al atrevido paseante que junto a aquellos muros fondeó la armada de Magallanes-Elcano, antes y después de dar la primera vuelta al mundo. Más monasterios que éste, pero también alterados, se yergue en el rumbo de Itálica, San Isidoro del Campo, que fuera de monjes jerónimos, y Santa María de las Cuevas, que fuera de monjes cartujos, escenario reservado para la nueva Sevilla americana del siglo XXI. Aquí tuvo Colón su segunda tumba; en el otro tuvo Cortés la primera. Los restos del Descubridor llegaron en 1509 y debieron viajar a Indias en 1536; los del Conquistador se depositan en San Isidoro en 1547 y pasan a México en 1562. Colón vino antes y se fue antes; se fue o lo llevaron —que él nunca expresó donde quería esperar al Juicio Final— de aquel cenobio testigo de muchas estancias suyas y de conversaciones con el amigo fray Gaspar Gorricio. Otros parientes le acompañaron aquí o allá: su hermano Diego, su hijo Diego, su sobrino Luis. Embarcados en uno u otro momento hacia la América tropical, bien lejos de las humedades y arriadas sevillanas. A Cortés no le hizo compañía ningún pariente, y de San Isidoro se marchó tras los turbulentos y heterodoxos años de la década de 1550. El ardoroso propagador de la fe, a macha martillo en el mundo azteca, debió de estremecerse en su tumba oyendo las prédicas de doce jerónimos, seguidores de las doctrinas heterodoxas de Juan Gil (Egidio) y de Constantino de la Fuente, que en 1557 decidieron poner pies en polvorosa lejos de la chamusquina inquisitorial. Dos de los exclaustrados son hoy notables figuras del protestantismo español: Casiodoro de Reina (autor de la versión de la Biblia del Oso) y Cipriano de Valera.

Más asequibles y cercanos están en la orilla izquierda los vestigios americanistas: Arenal-Atarazanas, Casa de la Contratación, Casa Lonja, Casa de la Moneda, Palacio de San Telmo, Fábrica de Tabacos, Fábrica de Artillería, Biblioteca Capitular y Colombina, Archivo de Indias, Exposición Iberoamericana.

Las medievales Atarazanas, insertas hoy en el complejo Maestranza de Artillería-Hospital de la Caridad, sirvieron de almacenes para los productos indianos, pero por húmedas y bajas con relación al río, no se escogieron en 1503 para radicar en ellas a la Casa de la Contratación o del Océano. Se llevó al Alcázar Viejo, en torno a un patio con almacenes e iglesia. De aquello queda el llamado Cuarto de los Almirantes con la espléndida tabla representando a la Virgen de los Navegantes (Alejo Fernández) que recoge la arquitectura naval de entonces y, tal vez, algunas figuras notables del momento. Hay también una placa de errónea fecha, pues no fue el 14 de enero de 1503 cuando se fundó la citada Casa, sino el 20 de enero. Saliendo por la Puerta del León nos topamos con la Casa Lonja continuamente confundida con la Casa de la Contratación, y, desde 1785, sede del Archivo General de Indias. El herreriano edificio de la Lonja se alzó entre 1584 y 1598, por decisión de Felipe II atento a las quejas de los canónigos y deseoso de ofrecerles un local a los comerciantes que en las Gradas catedralicias y en el Patio de los Naranjos llevaban a cabo sus transacciones, no dudando en refugiarse en la catedral cuando el tiempo se mostraba inclemente con la natural perturbación de los oficios divinos. Molesto el Cabildo catedral se quejó. Allí tuvo también su sede el Consulado de Comercio y en el siglo XVII una Academia de Pintura fundada por Murillo. A un tiro de arcabuz se esconde, y en un estado no muy presentable, la Casa de la Moneda que al decir de Rodrigo Caro era "una de las cosas que adornan y engrandecen a Sevilla" por su magnitud, fundiciones, y acuñaciones de plata y oro. Inevitable que quien esté al tanto de ello no haga memoria aquí de las estampas de Morgado y Ariños describiendo las carretas de cuatro bueyes cargadas de oro en épocas de Flotas. Morgado titula el capítulo al respecto "Sublimación de Sevilla por su comunicación con las Indias..." Sublimación; es decir, engrandecimiento. Cercano —separado por el antiguo Salón de Cristina— queda el Palacio de San Telmo, comenzado a construir en 1682 para Colegio de Náutica. El fue el heredero de la medieval Universidad de Mareantes que, con su Cofradía y Hospital, poseía como advocación a la Virgen del Buen Aire, que ya en 1535 y procedente de Cagliari (Cerdeña) había pasado al Río de la Plata. Al lado de San Telmo se encuentra el edificio principal de la Universidad, antigua Fábrica de Tabacos. Ya perdió el olor del producto americano elaborado en sus molinos y salas, que tanta admiración despertaron en los viajeros del siglo XIX. Alguien puede deducir su pasado contemplando los bajorelieves de la portada principal con las efigies de Colón, Cortés y un indio, al que le sobran las plumas, que fuma pipa. El olorcillo que se desprende es el que tuvo el edificio hasta mediados del siglo XX y que los españoles percibieron por vez primera un 6 de noviembre de 1492: "Hallaron estos dos cristianos (enviados por Colón al interior de Cuba) por el camino mucha gente que atravesaban a sus pueblos, mujeres y hombres, siempre los hombres con un tizón en las manos y ciertas hierbas para tomar sus sahumerios, que son unas hierbas secas metidas en una cierta hoja, seca también, a manera de mosquete hecho de papel, de los que hacen los muchachos la pascua del Espíritu Santo, y encendida por la una parte del, por la otra chupan o sorben o reciben con el resuello para dentro aquel humo; con el cual se adormecen las carnes y cuasi emborracha, y así diz que no sienten el cansancio" (Las Casas, I, XLVI). La otra fábrica, la de Artillería, en lugar de hacer cigarrillos hizo cañones; de ellos queda una especie de libro de bautismo con nombres muy americanos: Washington se llama uno situado en la misma entrada al edificio.

Hemos de volver al principio, a don Cristóbal Colón. Sus restos y los de su hijo Hernando, yacen en la catedral. Si no fuera cuestionable cualquier aspecto del Descubridor, dejaría de ser Colón. Lo son sus restos y lo son sus ideas, en parte engendradas en una media docena de libros que su hijo Hernando heredó y legó a Sevilla en la Biblioteca Colombina, unida luego a la Capitular. Un lírico peregrinaje colombino, pasando por la Cartuja de las Cuevas, va de la Tumba de Colón a la de su hijo en el trascoro catedralicio, sigue por la citada Biblioteca, y termina en el Archivo de India, Sancta Sanctorum de la Historia de América y Meca de todo americanista. Al lado de estos tesoros, lo que queda son migajas: que si la capilla de Santa Ana con la advocación del Cristo de Maracaibo; que si la Capilla de la Virgen de la Antigua "llamada así generalmente de tiempo inmemorial por su antigüedad de tiempo de Godos" (Morgado) y nombre que tuvo la primera ciudad fundada en el continente; que si los blandones conocidos por bizarrones; que si los candelabros de plata peruana en forma de águilas bicéfalas; que si un crucificado de marfil vinculado a Cortés; que si la patena que fue del padre Olmedo compañero de Cortés... La mujer de éste, Juana de Zúñiga, y su hija Catalina, están enterradas en el convento Madre de Dios. El viajero, si quiere, puede rezar una oración por ellas, por Cortés, por Colón.

XXI

LA AVENTURA SEVILLANA DE TERESA DE AVILA

◇◇

Nadie ha logrado interpretar ni definir a Sevilla, como nadie ha logrado pintar su luz, su aire. No el aire, caliente y húmedo, al que se refería Nicolás Monardes en el siglo XVI, sino esa condición espiritual que incluso adorna a las personas. Tal vez, insistimos en la idea, porque Sevilla es una religión con sus misterios, sus dogmas, sus sacerdotes, sus acólitos, sus fieles y sus herejes. O se cree en ella y se admiten sus misterios —a veces tópicos— que hacemos nuestros a través de unas raicillas que brotan por las bajuras del alma, o se disiente de ella y nos alejamos pregonando que la "gente de esta tierra no es para mí". Es decir, o se *está* o se *pasa*.

Lo de las raicillas es de Julián Marías con relación a Andalucía; el entrecomillado es de Santa Teresa, una castellana que pasó por Sevilla. Ambas actitudes siguen dándose hoy.

Por error, error geográfico, llegó Teresa de Jesús a Sevilla en mayo de 1575. Contaba 61 años. Permaneció entre sus murallas hasta junio de 1576. Su dura experiencia con la ciudad se repite a diario y es posible que hasta algún lector de esta Guía viva similares vicisitudes. La madre Teresa únicamente tenía permiso para fundar por tierras de Castilla: Avila, Valladolid, Toledo, Pastrana, Salamanca... Cuando fundó en Beas de Segura (Jaén) ignoraba que se encontraba en Andalucía, donde no pensaba ir porque "no estaba bien con esta gente" y donde el "sol no es como en Castilla, sino muy más importuno". Mucha más importuna le iba a resultar a su grupo de monjas la gente, la gente de Sevilla, ciudad en la que se sintieron siempre extranjeras. Llegar hasta la ciudad del Betis era irrumpir por completo en esa geografía sureña, sin duda no deseada, porque sabía lo que desde 1550 se estaba dando en Sevilla contra toda religiosidad exterior. La santa albergaba "causas graves para no ir a Sevilla" (y no se equivocó), pero el joven provincial de los carmelitas andaluces la convenció para que fundase en la ciudad de la Giralda.

A partir de Beas los sucesos se encadenan cuales advertencias de lo que les aguardaba.

Primera advertencia: Cruce del Guadalquivir cerca de Espeluy. Una de las barcazas con los carros se vio arrastrada por la corriente al romperse una maroma. Rezos de las monjas angustiadas, y "abominaciones de frailes y monjas" del barquero.

Segunda advertencia: Unas tremendas calenturas —por si era poco el calor— se apoderan de la Madre Teresa, que sus acompañantes combaten echándole agua.

Tercera advertencia: Imposibilidad de transitar por el puente para cruzar el río por Córdoba. Es preciso aserrar los ejes a los carromatos.

Cuarta advertencia: Sorpresa de la gente que escucha misa en una ermita cuando ven entrar a las monjas polvorientas cubiertas de largos velos…

Quinta advertencia: Calor y polvo torturantes para aquellas castellanas de capas blancas y largos velos que nada sabían de “el fuego de Sevilla”.

Sexta advertencia: Pésima instalación en su primera casa de la calle de las Armas (Alfonso XII) “con sólo una blanca” y sin nadie que les acercase un jarro de agua.

Séptima advertencia: Negativa del arzobispado Rojas de Sandoval a concederle permiso para fundar.

Octava advertencia: Indiferencia de la ciudad hacia el intento carmelitano. Fue Sevilla donde Santa Teresa encontró “menos aparejo de fundar”. Tal vez, piensa la Madre, debido al clima tan caluroso que permitía a los demonios tener más mano para tentar. Nunca se vio la Santa “más pusilánimo y cobarde”. Ni ella misma se reconocía.

Novena advertencia: Los carmelitas calzados, que no quieren reformas, “los del paño” como ella los apoda, le hacen la vida imposible.

Décima advertencia: Acusaciones ante la Inquisición, que veía alumbrados por todas partes y aún tenía frescos los autos de 1559-62 contra Constantino y Egidio. He aquí las “causas graves” antes aludidas.

Se comprende que la Santa fuera severa en sus juicios sobre Sevilla y los sevillanos. Juicios tan duros como los de otro castellano del mismo siglo, conquistador en México, Diego de Ordás. La Madre Teresa habla de “la injusticia”, de “la poca verdad, las dobleces” de la gente de esta tierra que, con razón, gozan de la fama que tienen. Ordás sostiene que con ellos no se puede hacer negocio alguno. Oyendo al conquistador y a la santa parece que escuchamos a gentes actuales. Y es que Sevilla sigue siendo como en el siglo XVI.

Cuando Santa Teresa y su mínima comunidad logró superar el problema de las acusaciones ante la Inquisición, se consagró a buscar una nueva morada que, al fin, hallaron en la calle Pajería (Zaragoza). En esta nueva casa, y tras vencer la enemistad de los vecinos franciscanos, estuvieron las monjas 12 años. La Madre pudo comprar el edificio gracias a la ayuda de su hermano Lorenzo llegado de América. En mayo tomaron posesión; en junio se trasladaron con una gran procesión y la misma presencia del arzobispo, que de esa manera contradecía su primitiva actitud y respaldaba la fundación carmelitana. Al día siguiente, 4 de junio, Teresa de Avila abandonó Sevilla de madrugada. Seguía temiendo el calor, que nunca olvidaría. Se iba segura, como lo había escrito, de que no se entendía con los andaluces, y que la gente de esta tierra no era para ella. Pero antes de irse tuvo tiempo de posar ante fray Juan de las Miserias, un napolitano llamado en el mundo Juan Narduch y discípulo que fue de Sánchez Coello al que debemos la fabulosa imagen de Sevilla conservada en el Museo de América. Sin la gracia y el donaire de la Santa, que se juzgó fea y legañosa, fray Juan plasmó la única efigie verdadera de Santa Teresa y que esta donó a la comunidad sevillana. Aquí sigue, en el convento de la calle Santa Teresa del barrio de Santa Cruz, con el original de *Las Moradas*, muy cerquita de la que fuera vivienda de Murillo, que todavía no había nacido y que nunca, o sólo una vez, abandonó la ciudad que hizo difícil la estancia en ella de Teresa de Avila.

XXII

UNA CIUDAD TEATRO

◇◇

Era todavía un niño cuando Lope de Vega llegó a Sevilla y, para siempre, quedó su alma vinculada a la ciudad. Vivió entonces con su tío, el inquisidor Miguel del Carpio, que poseía casa-morada en la colación de Triana y que entendió en el asunto de Santa Teresa. Suntuosa mansión a juzgar por la de otros inquisidores. A través de la retina infantil entró ya una imagen inolvidable que, pasado el tiempo, plasmó en el verso "Que otra Sevilla parece que está fundada en el río". Tal era la copiosidad, la heterogeneidad y riqueza del Arenal y de los navíos surtos en el río, y que él inmortalizó en *El Arenal de Sevilla*.

Lope de Vega volverá más de una vez, de paso para las Azores, huyendo de la Corte con intenciones de olvidar unos amores, y, sin duda, encontrar otros que se llamarán, Lucinda, Laura, Leonarda, Leonor, Laurencia... Sevillanas en sus comedias que llevan una L inicial... De 1602 a 1604 reside casi fijo y se empapa de la urbe que aún es "centro de la grandeza de

España". Todavía es "la más bella ciudad que mira el sol de Europa", con la que no se pueden comparar ni Nápoles ni París.

Teatro, escenario, la supuso el Fénix para sus personajes. Sevilla se asoma en *La Dorotea, La estrella de Sevilla, La niña de plata, Los Vargas de Castilla, El anzuelo de Fenisa, El amante agradecido, El ruiseñor de Sevilla, La prudente venganza, La hermosura de Angélica, Amar, servir y esperar, La villana de Getafe*... etc. Del brazo de Lope, con sus hombres y mujeres, paseamos por el fabuloso Arenal o por las murallas; disfrutamos de los jardines del Alcázar; deambulamos por la calle de las Armas o las callejas de Santa Cruz; compramos miles de cosas en la Alcaicería, Gradas o Francos; entramos en las fondas y casas de la gula a beber y comer con el vulgo y los rufianes; nos sorprendemos con el interior de la Casa de la Contratación; nos recreamos oyendo cantar a los barqueros del río seguidillas ("Barcos enramados van a Triana, el primero de todos me lleva el alma..."); admiramos los Caños de Carmona, el castillo de Triana y las puertas, algunas como la del Arenal más famosa que las de Tebas... Lope se mezcla con el bullicio del pueblo para aguardar el arribo de una Flota y ver "toda esta arena de carros de plata llena". Nos exultamos con las gloriosas mañanas del día de Corpus; gozamos de las perfumadasa noches veraniegas ("Porque no envidia Sevilla/Los jazmines de Valencia"); sufrimos y nos divertimos en tardes de toros; y nos asombramos con el asombro del Arenal, considerando que "toda esta arena es dinero", y que "un mundo en cifra retrata, donde "es cosa de admiración/ver los que vienen y van". Seguimos embelesándonos con la llegada de los galeones americanos a "Este famoso río/que de la falda de tela/De la ropa de Sevilla/De tantas ciudades reina/Con cuchillo de cristal/Corta sobre blanca arena/Este girón de Triana/Reliquia de su grandeza"/ ... "Rio de Sevilla/¡Cuan bien pareces/con galeras blancas/Y remos verdes".

Y nos vamos; nos vamos con un "Adios a Sevilla, soberbio teatro del mundo" (*Los Vargas de Castilla*).

XXIII

TODO ES BARROCO

◇◇

Ni todo es barroco, ni todo es grandioso. Lo que sucede es que el último rostro que Sevilla ha tenido es barroco, y todavía hoy los más notables veneros de su esencia siguen siendo barrocos. Barroco es el gesto, la palabra, el anuncio de un quinario o cualquiera ornamentación.

El barroco es desmesura, y por eso la determinación de aquellos canónigos medievales que pidieron para si la calificación de locos por su concepción de un gigantesco templo-catedral, fue un gesto barroco. Y el fruto de su decisión resultó ser un monumental edificio barrocamente gótico. Es lo único grandioso de Sevilla; lo demás se mueve dentro de armoniosos cánones, sin exageraciones de volumen excepto en la Fábrica de Tabacos donde los canónigos resucitados como ingenieros, volvieron a hacer de las suyas.

En el suelo de la basílica romana de San Pedro consta la magnitud del templo hispalense. Conforme entramos por la nave central y nos dirigimos hacia el baldaquino de Bernini, es fácil comprobar que vamos pisando unas inscripciones donde quedan anotadas las dimensiones de los mayores santuarios católicos del mundo, todos más pequeños que el romano:

1. Ecclesia S.S. Cordis Jesu
   Bruxellis M.140,94
2. Ecclesia Cathedralis Rhemensis
   M. 138,69
3. Primarium Templum Mediolanense
   Templum Cathedrale Coloniense
   M. 134,94
4. Basilica S. Petronii Bononiae.
   M. 132,54
5. Templum Metropolitanum Hispalense.
   Sevilla.
   M. 132

Así, al menos, quedó la anotación que en 1966 hicimos en la contraportada de nuestra guía; sin duda que con algún error. Más, queda claro que la ciudad de Sevilla cuenta con una de las catedrales mayores del mundo. Tras ella sigue la basílica metropolitana de París. Acorde con estas dimensiones y con su contenido un equipo de especialistas han dado vida a un extraordinario libro por el cual es factible realizar turismo artístico durante días sin cansarse. La catedral de Sevilla era la Babel de Europa para un viajero decimonónico francés. ¿Por qué? Porque fue edificada por pueblos diferentes que adoraban a dioses distintos. Dentro de ella entraba con holgura Notre Dame de París. Teófilo Gautier, entusiasmado, afirma que en sus cuatro naves caben iglesias con sus campanarios; el retablo del altar mayor sube hasta las bóvedas;

el cirio pascual es el mástil de un barco; el candelabro de bronce resulta una especie de columna de la Plaza Vendome; el Monumento tiene cerca de cien pies de altura; los órganos son de gigantescas proporciones... Confiesa sentirse aplastado por tanta magnificencia, y tan satisfecho de la cantidad de obras de arte, que no sabe donde volver la cabeza. El deseo y la imposibilidad de verlo todo causa vértigo. Semejante desesperación experimentaron muchos visitantes del siglo XIX, que no contaban con este libro del siglo XX, estudio de una de las maravillas artísticas del mundo. El conocimiento de la Catedral disipaba el despecho o la desilusión inicial que la ciudad solía producir a los visitantes. Bien es verdad que el exterior —bosque de pinos sobre una cadena de colinas— sólo resulta interesante de lejos, pero el interior —montaña hueca— es sublime como el Dios a quien está dedicado.

No obstante lo dicho —dicho por extranjeros—, hemos de admitir que, salvo la catedral, Sevilla no es una exposición de lo grandioso. Carece de espectaculares avenidas; no es dueña de una inmensa plaza mayor; no ha dado vida a teatrales fuentes; y sus templos siguen patrones de armoniosa mesura. Ellos sufren, en la curiosidad del forastero, cierta marginación ¿Para que conocerlos? ¿Es que no basta con la catedral? Si y no. El conocimiento y popularidad de los templos sevillanos les vienen dados por su condición de ser sedes de tal o cual Cofradía, o de una advocación popular, caso de San Ildefonso. ¿A quién le es familiar San Alberto, el Buen Suceso o San Luis? A los parroquianos del entorno. Sin embargo, el Buen Suceso esconde un interior sorprendentemente rico. Alguien, describiendo su decoración, recordó la singular escalera de los Terceros, primer escalón de una escalera de escaleras, algunas propias de Jacob: Museo, Universidad, Archivo de Indias, Palacio Arzobispal, Casa de Pilato, San Telmo, Las Dueñas... Bajemos a la Catedral. La Catedral es, lo dijimos, barrocamente gótica y una Babel. En cambio las iglesias son barrocamente barrocas y, cada una, una Sevilla. La descomunal fábrica del templo catedralicio le resta intimidad a la comunión religiosa y le proporciona teatralidad a las ceremonias. Las iglesias son más familiares; más para andar por casa con los de casa. Piedra, mármol, ladrillo, terracota, yesería, maderas, hierros, azulejos, tejas vidriadas, blanco, rojo y amarillo son elementos constitutivos que un Leonardo de Figueroa cualquiera empleó para alzar al cielo El Salvador, La Magdalena o San Luis de los Franceses.

Sobre el solar de la primera mezquita, la de Ibn Ababbas, se edificó en el siglo XVII el templo de El Salvador. Zumba en torno suyo aún un rumor de zocos; y en su patinillo interior todavía es posible escuchar el susurro de las abluciones. Romana, de Serlio, la fachada; e islámico y visigodo ese patinillo con entrada y salida para rezar cristianamente al paso. Dentro, el Jesús de Pasión, camina sin pararse jamás entre platas, ceras, piedras, mármoles, maderas doradas y una luz intrusa empeñada en ser también barroca. Fuera, en la plaza, Martínez Montañés aguarda la salida del Jesús de Pasión para volverlo a tallar...

Solo a la Giralda le fue dada el ser contemplada con perspectiva. Ningún otro edificio cuenta con una calle Mateos Gago. Por eso en La Magdalena es imposible saborear como se merecen su airosa cúpula y sus dos vistosas espadañas. Rico y noble su interior, con unas penumbras hechas ex profeso para procesionar al Cristo muerto de la "Quinta Angustia". La tarde de un Viernes insólito. La ausencia de un desahogo urbano idóneo nos impide alejarnos del edificio y nos obliga siempre a formar parte de él. Circunstancia que se agudiza con San Luis.

Hemos de abandonar el centro urbano —pasando por la Capillita de San José— e ir hasta un barrio popular y penetrar en la callejita Duque Cornejo para columbrar parte de la fachada de San Luis, uno de los tres templos de Sevilla que posee dos torres y una de las tres plantas ovales existentes. El antiguo noviciado de los Jesuitas representa la perfecta conjunción de la arquitectura, escultura y pintura. Los que saben de ello lo han considerado obra prima de la arquitectura española, de extraordinaria magnificencia, con una belleza y perfección que le permiten rivalizar con el mejor barroco europeo. Su empaque arquitectónico y su variedad decorativa lo convierten en algo que hay que conocer para, a lo mejor, quedar convencido de que Sevilla es toda barroca, que lo eran ya los romanos, visigodos y musulmanes.

XXIV

REALIDAD Y FANTASIA

◇◇

Han venido por la Plaza de San Francisco, la Alcaicería de los Paños, calle Génova, Gradas... Son vísperas del Corpus y han visto a los familiares del Santo Oficio con encomienda dirigirse hacia San Pablo portando su estandarte. Reunidos en amigable tertulia, tras copioso almuerzo, charlan en el Mesón del Moro. Ellos son Miguel de Cervantes, Mateo Alemán, Vicente Espinel, Luis Vélez de Guevara y Francisco de Quevedo*. Hablan del Santo Oficio, objeto de preocupaciones porque todos escriben, y del ambiente de la urbe, que a todos atrae. Solo uno de ellos es de nación sevillana, Alemán, y dos andaluces, Espinel y Vélez de Guevara. Discuten el papel que juega en la ciudad la envidia, la hipocresía, la emulación y la tiranía. Alguno considera que la verdad es menospreciada y que nadie calza como viste. Prima la simulación y no existe concordancia entre lo dicho y lo hecho.

---

* Tal reunión es una licencia, que se toma el autor, como la de Olavide con los Asistentes.

Mintiendo se gana crédito; al cauteloso lo llaman sabio. Hay quien recuerda la aventura sevillana de Teresa de Jesús y quien evoca versos de Gutierre de Cetina. Mateo Alemán, por su condición de nativo quiere explicar tal panorama achacándolo a ese color de gran ciudad que Sevilla posee, a la grandísima suma de riquezas circulante. Cree que en su ciudad se puede vivir en quietud si se aborrece las rencillas, y no se es sospechoso al Santo Oficio.

Mientras ellos charlan, diseminados por el Corral de los Olmos, Patio de los Naranjos, Gradas, Arenal, Mancebía, calle de la Galera, Cárcel Real y Campo de Tablada, deambulan haciendo de las suyas, Rincon, Cortado, Guzmán de Alfarache, Marcos de Obregón, Cojuelo, don Pablo el Buscón y Estebanillo González, que estaba a punto de abandonar "aquella ciudad, única flor de Andalucía, prodigio de valor del orbe, auxilio de todas las naciones, y erario de un nuevo mundo".

Mateo Alemán, el más alterado, vuelve a tomar la palabra para denostar a quien acaba (1602) de publicar en Valencia una segunda parte apócrifa de su obra. Sabe que está a punto de ir a la cárcel por deudas, y pretende embarcarse acompañado de su amante para América, después de ver impresa la segunda parte de la vida de Marcos de Obregón. Lo viene pensando hace tiempo, y la Inquisición, en cuyo archivo figura un antepasado suyo, no lo pierde de vista. Cervantes, que igualmente ha pretendido poner el Atlántico por medio, muestra su hostilidad al Tribunal y habla de los mastines veladores del católico rebaño. Don Miguel acaba de abandonar la Cárcel Real, en cuyo ambiente ha engendrado su gran libro, y a punto estaba de enfadarse con Lope de Vega. Lo peor que le puede suceder a cualquiera es tener por vecino a un inquisidor, y todos citan al tío de Lope de Vega, aposentado en el castillo. Alemán, vuelve a la carga, comentando el refrán "Líbrete Dios del delito contra las tres santas, Inquisición, Hermandad y Cruzada". Quevedo piensa en sus amigos sevillanos, Rodrigo Caro, Francisco Pacheco, Juan de Salinas y, sobre todo, en Lisis o Lísida, la ingrata por la que él se desvive. Recordándo a las "santas" pinta el panorama de inseguridad y el terror con que mucha gente vive y, chusco, cuenta los temores de una dama que llamó a sus pollitos ¡pío! ¡pío!, y alguien le advirtió tuviera cuidado porque Pío era el nombre de los Papas... La distensión dura sólo un momento. La preocupación de verse sambenitados y el saber que el Santo Oficio se abrogaba atribuciones propias de la justicia ordinaria, les hace tomar conciencia de que nadie puede escapar a ella debido también a la impunidad de las denuncias. América, el Nuevo Mundo, las Indias, son una solución. En el Arenal se está preparando la Flota de 1603 y en la que, se dice, irá el Asistente don Juan de Mendoza y Luna, marqués de Montesclaros, nombrado virrey de México.

Del grupo, tan solo Mateo Alemán lograría marchar a las Indias en 1608, llevándose un falso escudo de nobleza y una elocuente leyenda: *Ab insidiis non est prudentis*. El fue el primero del grupo en morir (1613); los demás fueron desapareciendo en 1616, 1620, 1644, 1645,...

Siglo y medio más tarde de aquella reunión el limeño Pablo de Olavide asiste en cercano lugar a la calle Mesón del Moro, a la sesión (13-X-1752) de la recién creada Real Academia de Buenas Letras de Sevilla. Había desembarcado en Cádiz en el mes de junio, camino de Madrid. Regresará a Sevilla en 1767, investido de los cargos de Asistente, Intendente de Andalucía y Director de las Nuevas Poblaciones a fundar en Sierra Morena. Llegaba Olavide a poner en marcha la política definida por Aranda y Campomanes, y con intenciones de convertir a Sevilla en una nueva ciudad en lo material e intelectual. Su programa incluía reforma universitaria, instalación de la Universidad en el antiguo Noviciado de los Jesuitas, fundación de la Sociedad Económica de Amigos del País y revitalización del teatro.

Cada semana, el ilustrado limeño, organizará unas sesiones musicales y tertulias en el Alcázar, lugar de su morada. Asisten, entre otros, el conde de Aguila, Cayetano Valdés, José Ruiz de Ubago fiscal de la Audiencia, el marqués de Grañina, Antonio Domezain futuro Asistente, etc. Los reunidos comentan las postreras novedades literarias y discuten de teatro, religión o economía. Olavide explica para sus invitados la última obra literaria recibida de Francia o las noticias de la "Gazette de Hollande", al tiempo que ironiza en torno a las costumbres de los sevillanos, sobre los predicadores y la procesión del Corpus. El Asistente, amigo de Voltaire cuyo retrato cuelga en lugar preferente, ha querido prohibir la tarasca y gigantones del desfile del Corpus, y comenta que si la gente en Sevilla se confiesa mucho es porque peca mucho, y que una buena comedia vale más que un mal sermón... Precisamente, la representación de la pieza "Tancrede" de Voltaire, motiva una denuncia a la Inquisición; la opinión pública condena la falta de piedad de Olavide. "Se dice" que tiene pinturas indecentes, que es amigo íntimo de *Vulter*, y que escucha la misa con los pies cruzados sin hacer demostración alguna de respeto en el momento de la Elevación. Materialista y ateo es lo menos que se piensa del Asistente, del que "se dice" que es esto o lo otro.

Un día Olavide va a cambiar los invitados a su tertulia, y convida a los Asistentes Conde de Barajas, Conde Puñonrostro y José María Arjona. Quiere oir sus opiniones. Le preocupa la mendicidad, la corrupción, los desórdenes públicos, la embriaguez, la inseguridad nocturna, y ciertas obras urbanas que piensa realizar en el sector de la Laguna. El vió y disfrutó en Lima de la Alameda de los Descalzos, copia de la Alameda de Hércules, que el ex Asistente hispalense, marqués de Montesclaros, construyó cuando llegó a Lima desde México como Virrey. Resultó un bellísimo paseo con tres fuentes de piedra, ocho hileras de árboles y tres anchas calles para carruajes. El conde de Barajas, que ignoraba esta réplica de su gran obra sevillana, reformada hacía poco (1764) por el asistente Larumbe, sugiere a Olavide eliminar el Compás de la Mancebía, extendido entre la Puerta del Arenal y la de Triana, derribando casuchas y expulsando izas y rabizas. Arjona toma notas de lo que oye para cuando llegue su hora, y Puñonrostro repite una y otra vez que con los mendigos hay que hacer lo que él hizo: censarlos, reconocerlos y autorizar con "licencia para pedir" a los auténticos.

A finales de 1775 Olavide es llamado a Madrid a responder de las acusaciones que se han hecho contra él ante el Santo Oficio. En 1776 ingresa en prisión; su proceso es el último gran proceso de la Inquisición. Se está, por entonces, concluyendo el nuevo barrio que sustituye a la vieja Putería, según planos de Manuel Prudencio Molviedro. ¿Pensó Olavide, como Cervantes y Alemán, regresar a su Perú huyendo del Santo Oficio? La condena fue dura: herético formal obligado a abjurar y reconciliarse con la Iglesia vistiendo una coroza y sambenito... lo que Cervantes, Alemán y Quevedo temían. Francia está más cerca que América, sobre todo para un ilustrado y Olavide huye a París (1780) para caer en el torbellino de la Revolución Francesa. Regresa en 1798 y, reconciliado y perdonado, el rey le devuelve su gracia. Va a refugiarse en las tierras del sur, en la machadiana Baeza. Lo imaginamos como al poeta:

> "Desde mi ventana
> ¡campo de Baeza,
> a la luna clara!
> ....
> ¡Campo de Baeza,
> soñaré contigo
> cuando no te vea!

XXV

DON JUAN Y DON MIGUEL

◇◇

Una breve y estrecha callejuela comunica a las particulares plazas sevillanas de Santa Cruz y Refinadores. La segunda es más plaza que la primera; la primera es más decorado que la segunda. Plazas y calleja estimulan a la fantasía de los "guías" que cotidianamente no dudan, mirando a la derecha desde el pescante de su coche de caballos, en señalar la "Calle de la Mezquita" y, luego, hacia el centro de la plaza con el látigo señalan la "tumba de Murillo". De este modo la cruz de la Cerrajería queda convertida en mausoleo del pintor y el callejón en vía que lleva a la Mezquita, cuando, realmente, conduce a Refinadores donde, arrogante, preside el escenario don Juan Tenorio con espada mellada por el gamberrismo. Allí, en bronce testimonial y verdoso, se alza el mito resucitado teatralmente cada mes de noviembre y que un día del Seiscientos nació por obra de Fray Gabriel Tellez alias Tirso de Molina.

El religioso Tirso de Molina vino a Sevilla igual a como doscientos años más tarde vendría el poeta José Zorrilla. Tirso y Zorrilla se fueron, y don Juan se quedó.

Para darle vida al personaje Tirso amalgamó leyendas y romances populares con alguna historia local. En aquella Sevilla, donde el mismo duque de Osuna se ofrecía cual modelo, era fácil encontrar al tipo enamoradizo, burlador, señorito, altanero. Zorrilla llegó a Sevilla con 24 años y paró en el café del Turco, coincidiendo con notables figuras de la literatura local. Cualquiera de ellos lo paseó por los escenarios del Barrio de Santa Cruz —Hostería del Laurel— y orillas del río sobre las cuales daba la quinta de don Juan identificable, al parecer, con la finca Valparaiso donde ya el duque de Rivas escenificó su *Don Alvaro*.

Ningún medio mejor que el andaluz-sevillano para don Juan, porque el personaje exige sensualidad y belleza, existentes a raudales en esta tierra. Por eso cualquiera está libre de pensar que antes que el Burlador de Tirso tuvo que haber un don Juan o muchos donjuanes en Sevilla. Un don Juan romano; un don Juan visigodo; un don Juan árabe... ¿Sería al-Mutamid un tenorio? Es posible que lo fuera don Pedro el Cruel, "que durmió poco e amó mucho mujeres", al decir de la crónica. Pero ¿cuál don Juan? Sin ser idénticos, los personajes de Tirso y de Zorrilla merecen epítetos similares. El primer don Juan es un seductor irrespetuoso; el de Zorrilla es más malhechor que cautivante. Aquel es llamado por Tirso engañador, gozador, burlador, profanador, Lucifer, castigo de mujeres, homicida de honras, langosta de mujeres; a Zorrilla su personaje le parece vil, libertino, pirata, osado, monstruo de liviandad, aborto del abismo, hijo de Satanás. El burlador de Sevilla consume dos actos relatando sus fechorías; el tenorio de Zorrilla le facilita a su oponente, Luis Mejías, una apretada biografía donde queda claro que hizo caso omiso de la razón, la virtud y la justicia; violentó voluntades y hogares, nada respetó, dejando amarga memoria. El balance final de sus fechorías arroja 32 muertes y 72 conquistas. El personaje de Tirso presume que "Sevilla a voces me llama/el Burlador, y el mayor/gusto que en mi puede haber/es burlar una mujer/y dejalle sin honor". Es, fundamentalmente, un conquistador, mientras que su homónimo del s. XIX fanfarronea: "por donde quiera que fuí: la razón atropellé,/la virtud escarnecí,/a la justicia burlé/y a las mujeres vendí". Es más un fascineroso que un conquistador.

Son iguales y distintos. Diferentes sus postreros instantes, condenándose uno y salvándose el otro: "Deja que llame/quien me confiese y absuelva./No ha lugar; ya acuerdas tarde/¡Que me quemo! ¡Que me abrazo!/¡Muerto soy!". El poeta romántico no imagina un final distinto de su amador: la muerte al lado de doña Inés, pero beneficiándose de la clemencia de Dios que Tirso le negó: "Más es justo, quede aquí/al universo notorio/que, pues me abre el purgatorio/un punto de penitencia,/es el Dios de la clemencia,/el Dios de Don Juan Tenorio"/.

Muere don Juan en esa postrera escena de ambos dramas para resucitar cíclicamente. Medio vital, popular, inmortal, encarnado y reencarnado en el teatro, la novela, la poesía, las artes plásticas y la música.

En la Plaza de los Refinadores a un costado de la Judería y mirando hacia los Jardines de Murillo se encuentra el apuesto, ardoroso y pendenciero burlador, sin más escándalo que el que organizan los niños en sus juegos o los pájaros al atardecer. En su basamento, "entre hostil y amatorio" se lee su desafío: "Aquí está don Juan Tenorio/y no hay hombre para él". Pero nadie se siente aludido.

Viene ahora la pregunta cuyo preámbulo ha sido todo lo anterior ¿Vivió dos veces el Burlador? ¿Fue Mañara y fue Tenorio?

El don Juan de Tirso actúa en la Edad Media, el de Zorrilla durante el reinado de Carlos V. Tales referencias cronológicas no nos sirven porque el creador lo inventó en la Sevilla del siglo XVII, una ciudad sensual, violenta, hedonista, de grandes contrastes, que aún no había recibido el manotazo de la peste. El medio hispalense, idóneo para tal concebimiento, debió de albergar un sinnúmero de tipos a lo Mañara-Don Juan por lo que a estupros y abusos se refiere. La realidad y la tradición sirvieron a Tirso durante su permanencia sevillana de 1625. Si Tirso hubiese conocido la vida de Mañara, nacido el año antes de aparecer su obra (1628), tal vez su Burlador hubiera contado con una última parte inspirada en el arrepentido y místico discurrir de Mañara entre sus pobres. Estamos en condiciones de hacer la prueba e imaginar al Burlador encargando a Valdés Leal que pinte la Postrimerías, mientras él redacta "El Discurso de la Verdad". Lo cual sería tanto como incurrir en el dislate de Merimée, Dumas y otros tantos que se empeñaron en señalar a Mañara como el modelo de Tenorio, siendo así que don Miguel contaba un año cuando don Juan hacía de las suyas. En todo caso cabría suponer que Mañara leyó el Burlador y se hizo el propósito de no repetirlo. Mañara es poeta; el burlador es prosaico. Tenorio desprecia a la muerte y a la ley; la muerte para Don Miguel es una obsesión. Mañara expía sus faltas y muere arrepentido; don Juan no se arrepiente y muere en un macabro banquete. Y no por descreído; don Juan cree en el más allá, pero ve lejana la hora final y no piensa en lo inmediato, expiación y muerte, seducido por el goce del momento. De haber llegado a viejo, como buen español, se hubiera convertido en un piadoso burgués de misa y comunión diaria. Mañara no espera a la vejez y eso es lo difícil, sino que cambia en plena mocedad. ¡Qué interesante hubiera sido una conversación entre don Miguel y don Juan!

Próspero Merimée, el primero, dio por bueno el donjuanismo de Mañara en su obra *Las almas del Purgatorio*; y Dumas unió los dos personajes en su *Don Juan de Mañara o la caída de un angel*, consagrando el disparate-error, que incluye en su *Viaje por España*, y que le hace exclamar —y no es para menos— frente a la Caridad: "¡Un hospicio fundado por don Juan!".

El ser personaje de una misma ciudad y en un mismo siglo, y el ofrecer sus vidas ciertas concomitancias, ocasionó la errónea identificación, sin caer en la cuenta que la cronología se oponía. Mañara a semejanza de otros individuos coterráneos y contemporáneos, poseyó en su juventud algunas de las notas que tipificaban a Tenorio. Don Miguel fue hombre de "natural arrebato", belicoso, colérico, soberbio. Tales calificaciones de quienes le conocieron, unidas a lo que él dice de si mismo: "Yo, don Miguel Mañara, ceniza y polvo, pecador desdichado... Serví a babilonia y al demonio, su príncipe, con mil abominaciones, soberbias, adulterios, juramentos, escándalos y latrocinios; cuyos pecados y maldades no tienen número...", sirvieron a la imaginación popular para exaltar su libertinaje —como él ha hecho, sin duda para obligarse a una mayor penitencia— y su mundanería. Sabemos también de él, por confesión de su paje, que yendo una noche por la calle del Ataúd oyó una voz que decía "Traigan el ataúd, que ya está muerto", sin que don Miguel lograse averiguar quien lo había dicho, y cayendo al suelo, cual nuevo Saulo, ignorando quien lo derribó. A la vista del suceso cambia Mañara de destino y regresa a su casa salvándose de quienes le acechaban para asesinarle.

Pese a lo que diga Mañara y lo que cuenta su paje, la disoluta vida de don Miguel y las leyendas referidas a la contemplación de su propio entierro y el demonio que se le acerca para pedirle fuego en las orillas del río, carecen de base histórica. Más que una realidad es el producto de la fantasía popular. La misma fantasía a la que le resulta grato situar los restos de Murillo bajo la cruz de la Cerrajería, es la que asombraba al extraño contándole el sepelio de Mañara-don Juan, su conversión y su encierro en vida en la Caridad.

Dos mitos en uno: Don Juan, el Burlador, mito sevillano hoy mito universal; Don Miguel, el Converso, mito universal, hoy mito sevillano. Uno y otro han inspirado a Moliére, Merimée, Byron, Dumas, Blaze du Bury, Mozart, Goldoní...; y, en concreto Mañara, ha merecido cuatro óperas debidas a Franco Alfaro, Germán Landázabal, Eugene Goosens y Henri Tomás.

XXVI

LA SANTA CARIDAD

◇◇

La monjita que me ha acompañado me deja a la ventura. Ayer subimos a San Román por vez primera; hoy corresponde desflorar la torre de la Caridad, a la que se llega indirectamente, como en San Esteban. La torre con sus blancos, ocres y amarillos, es un primor, aunque sus azulejos están bastante estropeados. De las dos campanas, la grande, suena inesperadamente. Pasado el susto, leo bajo el balconcillo: 1721.

Ni la Torre del Oro entre las palmeras del jardín de la Caridad, ni la torre de la Plata con sus desconchados, nos atraen como esta grácil hermana tras la cual se levanta la silueta inmensa de la Catedral y la Giralda, rodeada por el blanco caserío. Semeja un gigantesco cetáceo. Son las 7,30 de la tarde. Ascienden un clamoreo de pájaros, un rumor de autos y unas sonoras campanadas cuyo origen ignoro. Diviso un ser humano: un soldado que monta guardia en la cercana Maestranza de Artillería. Dos pináculos del Archivo de Indias se asoman apenas, y algo más soberbiamente se alza engallada la cúpula del Sagrario. Suena una sinfonía de campanas entorno. La permanencia es gratísima en estas alturas. Desde mi observatorio no veo los rosales de Mañara, ni a los ancianos acogidos al Hospital; si, en el jardín, a unos hombres que acarrean macetas que uno de ellos lava en una fuente. Por entre los naranjos discurren piraguas que surcan el río y coches que circulan por el Paseo de Colón. La Torre de Santa Ana se incendia interiormente al sol que cae. El aire, un tanto desmayado, carece de fuerzas para agitar la bandera de la Maestranza de Artillería.

Bajamos. La escalera estrecha se va ensanchando a medida que nos acercamos al coro de la iglesia. Son 39 escalones. Hay una trampilla de metal —igual que en la O— al final de la escalera. En este tramo la luz penetra por un hueco acristalado junto a la trampa, y un ventanuco que se abre hacia el coro y deja ver el interior del templo todo de oro. Solo dos manchas rojas a ambos lados del retablo mayor.

En la iglesia había algunas personas cuando subí, pero ahora no hay nadie. Estoy solo. Impera un silencio amedrentador, levemente alterado por el piar de pájaros y una moto. Cierro y tomo la llave. Dice: "Torre grande". Al abandonar el coro me hace gracia una especie de bacinilla de cerámica blanca incrustada en la pared. Creo que es una pila de agua bendita. No. Me acerco y leo: "Colillas". La soledad del recinto quiebra mi risa. Me siento al pie del cuadro que representa a Santa Isabel de Hungría. De las alturas orgullosas y sin fronteras e ido a las bajuras que encogen el alma.

Medito. Estoy en el solar que sirvió a Alfonso X para construir las Atarazanas, tres de cuyas naves forman parte del Hospital de la Santa Caridad, institución del s. XV dedicada a enterrar a los ajusticiados y ahogados en el río. Hubo una primera capilla sobre la que se edificó, a partir de 1645, la actual iglesia concluida en 1670. Llevaba entonces Mañara ocho años como Hermano de la Caridad; enseguida es nombrado Hermano Mayor y, a partir de entonces y hasta su muerte en 1680, se consagra a concluir el templo y el Hospital para "sus señores los pobres".

Medito. Lo que me rodea, retablo de altar mayor y cuadros, expresan plásticamente el tema preferido de Mañara, la muerte, sobre la que teorizó en su *Discurso de la Verdad*, parte de la literatura ascética de la centuria. La muerte —*Memento homo*— es la única verdad; la obsesión por la muerte es propia del Barroco y de épocas decadentes en las que se produce —pestes— una regresión en la esperanza de la vida. Mañara redacta su alegato contra la vanidad aludiendo a las postrimerías. La tinta de Mañara está hecha con polvo, ceniza, corrupción y gusanos. Los mismos ingredientes donde moja el pincel Valdés Leal para trazar el Jeroglífico de las Postrimerías "¿Qué cosa hay tan horrible como el hombre muerto?", se pregunta don Miguel "¿Qué importa hermano que seas grande en el mundo si la muerte te ha de hacer igual con los pequeños?". En un osario no se distingue de quien son los huesos, "todos guardan una igual figura". "¿Y que es morir? Dejarnos las pasiones./Luego el vivir es una larga muerte;/luego el morir es una dulce vida"..., se pregunta y contesta en un bellísimo y quedevesco soneto. Si no fuera porque sabemos que tal actitud —valoración de la muerte y desprecio de la vida— es propia de la época pensaríamos que don Miguel había leído el *Sueño de la Muerte* de Quevedo: "Y lo que llamais morir es acabar de morir, y lo que llamais nacer es empezar a morir, y lo que llamais vivir es morir viviendo".

Medito. Mañara, que "ha servido a babilonia" (sinónimo de desorden) la aparta de su pensamiento y acción para reflexionar sobre la vanidad y la muerte. Todo lo que piensa, en la línea de Jorge Manrique o San Ignacio, quiere verlo plásticamente y que los demás también lo vean y para ello le pide a su amigo Valdés Leal: "En uno de los cuadros pondreís el cadáver de un caballero de Calatrava tendido en el ataúd y, junto a él, otro cadáver de un prelado en plena descomposición... En cuanto al otro cuadro, me pintareis un esqueleto animado que parezca avanzar con un ataúd bajo el brazo, pisando joyas, trofeos, pergaminos, coronas, riquezas y vanidades humanas..." Macabro encargo.

Medito. El templo todo es un trasunto del *Discurso de la Verdad*. Descarnado discurso contra la vanidad, valoración de la muerte, y exaltación de las obras de misericordia y de la gran virtud teologal de la Caridad. Por si el olor de la carroña y el roer de los gusanos no nos bastaba, tres letreros recuerdan el mensaje de los lienzos: *In ictu oculi, Finis gloria mundi*, y *Ni más ni menos*. En un abrir y cerrar los ojos; el Fin de la gloria del mundo; y Ni más ni menos para echar en los platillos de la balanza donde se pondrá tu debe y haber. La perturbación que nos produce el espectáculo pictórico encuentra un lenitivo en las manos de Santa Isabel de Hungría revoloteando entre llagas, tiñas y miserias. Un ángel, sin duda el mismo que lleva de la mano a un niño en la Catedral, ayuda a San Juan de Dios a transportar un enfermo, mientras que en el retablo mayor Pedro Roldán entierra patéticamente a Cristo. Misiones todas de la Santa Caridad. El cierre de una puerta a la derecha del altar mayor me saca de mis consideraciones. Opto por levantarme e irme.

Salgo a un patio de paredes ocres, paneles de azulejos azules, fuentes y columnata blanca, rejas negras, puertas marrón y agua suavemente sonora que parece alimentar el verde de los hibiscos y filohendros apoyados en las columnas. Permanezco un rato sentado captado por algo indefinible. Se me acerca el administrador y me dice que están repartiendo la cena entre los ancianos. Me invita a entrar y ver la escena. Los viejos, al pie de las camas, comen en unas mesillas portátiles. Los hermanos de la Caridad, ellos y ellas, unos diez o quince guardan cola ante un torno por donde van saliendo las bandejas con la comida. Su papel se reduce a llevarlas a cada anciano. Conozco a dos de los hermanos. Nos saludamos. Uno de ellos me hace pasar a una nave donde han colocado unas mamparas separando las camas y me hace saber que han costado 70.000 pesetas y que las han comprado a alguien de la Facultad de Medicina. Proceden del Hospital Provincial. El otro hermano me convida a ir a la finca de un amigo para tomarnos una paella. Ellos y ellas rezan a coro unas oraciones y, luego se dispersan con la tarde.

Mañara fue. Tuvo un pretérito en su vida determinante. Mañara fue. Es un pasado caracterizador de la vida de la ciudad. Mañara es. Es la Santa Caridad, todo un discurso sobre como entender la vida en relación con los demás y con la muerte.

XXVII

LOS DIOSES DE LA MADERA

◇◇

No es lo mismo contemplar algo al amanecer que al atardecer o de noche. Juan Ramón Jiménez hablaba del "crepúsculo malva, lento y místico", significando algo que sólo se da a esa hora. No es igual tampoco, ver una imagen en procesión, caminando por las calles de la ciudad, que quieta en su altar. Incluso, andando, es diferente su salida del templo que su entrada. Ni el rostro al abandonar la catedral con la luz de la aurora despertándose, es el que cruza a pleno sol el Puente de Triana... Y, sin embargo, tenemos que ver a esas imágenes si queremos entrar algo en el alma de la ciudad; verlas en sus templos o en la madrugada por las Siete Puertas o la Campana, o a la hora que sea por la calle Aguila o Cerrajería, por la tarde o por la noche ardiendo de candelería, o en la mañana con el lloro de los cirios apagados.

Sevilla tiene una especial manera de vivir y revivir el drama de Jesús. Es un Quinto Evangelio: La Pasión según Sevilla. El drama repite una y otra vez, en la imaginería pasional, la muerte de Jesús y el dolor de su Madre. Es preciso unirse al tránsito de esas Vírgenes por los barrios de la ciudad para una aproximación al entendimiento de la misma: de la ciudad y de la Semana Santa. La ruta de las Vírgenes es una vía de vida y de lágrimas; las Vírgenes viven y el pueblo quiere aventarles su pena "meciéndolas" o "bailándolas". La ruta de los Cristos es un camino de muerte y de dolor; los Cristos van hacia la muerte o yacen ya muertos, y la gente se conmueve con sus patéticas estampas.

Dioses de la madera que dieron vida a estas efigies fueron Juan Martínez Montañés, Juan de Mesa, Francisco Antonio Gijón y Francisco de Ocampo. Su creatividad artística se desplegó a lo largo del "decadente" siglo XVII, la centuria de Murillo y Mañara, entre otras figuras. Al realizar una "ruta de los Cristos" sería bueno hacerla por la centuria citada, la del "ocaso" sevillano. La vida entonces estaba lacerada por penurias económicas, endemias, criminalidad, alteraciones sociales, mendicidad y picaresca, guerras y decadencia política. Todo el reinado de Felipe IV fue testigo de una desesperada lucha del Estado para allegar recursos con que hacer frente a los excesivos gastos oficiales. La moneda es depreciada continuamente, la Corona reclama donativos al tiempo que solicita la colaboración de una nobleza que no encarna como antaño el ideal nacional. La religión lo trasciende todo en esta Sevilla del siglo XVII. El barroco se impone en la arquitectura y en el ceremonial de la muerte —evóquese los retablos de los altares mayores de la Caridad y el Sagrario—. Obsesiona el dogma de la Inmaculada Concepción y las hogueras arden contra los alumbrados. Pero como siempre viene aconteciendo, entre auto inquisitorial, arribo de Flotas indianas, guerras y dificultades de todo tipo, la gente se divierte con juegos, fiestas y teatros.

El pulso de la vida política y económica no corresponde al cuerpo que, para los valores del espíritu, nos proporciona otro pulso. Porque es en esta Sevilla de penumbras cuando se desarrolla el quehacer de Murillo, Mañara, Veitia Linage, Justino de Neve, Rioja, Jáuregui, Arguijo, Valdés Leal, Roelas, Zurbarán, Pacheco, Martínez Montañés, Juan de Mesa, Alonso Cano, Pedro Roldán, Francisco Antonio Gijón, Ocampo...

Asimilado lo que fue aquel siglo, con el espíritu sumergido en él, consciente de que las penurias, guerras y pestes produjeron una regresión en la esperanza de la vida y, consiguientemente, un aumento del discurso sobre la muerte, estamos en mejores condiciones para citarnos el domingo con el Cristo del Amor; el martes con Cristo de la Buena Muerte; el jueves con Jesús de Pasión; en la madrugada del viernes con Jesús del Silencio y Jesús del Gran Poder; y el viernes, si la sensibilidad golpeada una y otra vez nos lo permite, con el Cachorro. Sin duda, la tarde estará gris plomiza para hacer más patética la cita. Es el último Cristo en su soledad de la semana; y es también, en el aserto de un especialista, "el último de los grandes crucificados españoles". Agónico, con un mirar extraviado que más recoge una visión de la Eternidad que de este mundo, el Cachorro será el postrero estremecimiento con que los dioses de la madera hieran nuestra alma.

XXVIII

EL PINTOR QUE SE FUE

◇◇

El pintor que se fue —Velázquez— y el pintor que se quedó —Murilló—. Dos hombres; dos genios; dos destinos. Fue Velázquez el primero de siete hermanos, en tanto que Murillo sería el último de catorce. Uno tomó el apellido de su madre; el otro, de la abuela materna. Todavía no había nacido Bartolomé cuando el niño Diego, de once años, entraba en el taller de Francisco Pacheco con cuya hija matrimoniaría en 1618, un año después de nacer Murillo. Poco sabemos de la infancia y juventud de estos dos seres a quienes unía la cuna y la vocación, y separaba y separaría la edad y la distancia. Porque Diego Velázquez se va a Madrid en 1623, siendo Murillo un niño de seis años próximo a quedar huérfano. Dejan de compartir el escenario nativo, testigo aún de una boyante opulencia.

Bartolomé Esteban Murillo jamás abandonó la ciudad de su nacimiento, salvo una breve escapada a Madrid en 1658. ¿Se vieron los dos pintores? Allí estaban entonces Alonso Cano y Francisco Zurbarán.

Quiso Bartolomé Esteban permanecer siempre bajo el cielo nativo y, "tal vez, gozó gloria mejor y más pura que ninguna". No sintió Murillo la necesidad de escapar del ambiente local, ligó su destino a un paisaje. Ni mudó de cielo, ni mudó de corazón. Puesto a ser viajero lo fue en su propia ciudad, deambulando de barrio en barrio: de la Magdalena a San Isidoro, de San Isidoro a San Nicolás, de San Nicolás a Santa Cruz, de Santa Cruz a San Bartolomé, de San Bartolomé a Santa Cruz, donde muere en 1682.

Diego Velázquez hizo del Palacio Real su domicilio, y únicamente abandonó Madrid en dos ocasiones para ir a Italia, en 1629 y 1649. No regresó jamás a Sevilla. Salió de los aposentos reales en 1660 para ser enterrado. El mismo Cernuda vuelve a prestarnos su palabra en nuestra pretensión de dar una poética explicación a ese no volver nunca a su ciudad, de Diego Velázquez: "¿Volver? Vuelva el que tenga/Tras largos años, tras un largo viaje,/cansancio del camino y la codicia/de su tierra...". ¿Era más fácil el destino quedándose en Sevilla?

Nombrado pintor del Rey y ujier de cámara, Velázquez vive en Palacio, al margen, eso si, de intrigas y camarillas. No tiene roces con los compañeros de oficio, manteniéndose lejos de las luchas y envidias propias del gremio. Retraido, flemático, melancólico, distante, no era un personaje popular.

Sin cargos oficiales, la vida de Murillo transcurre en total compenetración con el pueblo, conectado con los grupos de artistas y compañeros de la época, en unión de los cuales fundará una Academia de Pintura (1660). Afable, bondadoso, humilde, corto, modesto, era un personaje muy conocido en Sevilla.

Si es verdad lo que dice Ortega, que Velázquez nunca quiso ser pintor, que no ejerció de pintor y que la pintura para él no fue una manera de vivir, también lo es que Murillo quiso ser pintor, ejerció toda su vida como tal, y tal menester constituyó su forma de vida. Velázquez, repárese —nos alerta Ortega—: una sola mujer, un sólo amigo —el rey—, un solo taller-Palacio. Exclusivamente en lo primero coincide con Murillo: una única mujer. En lo demás son diferentes sus circunstancias. Murillo gozará de múltiples amigos populares y de renombre —Mañara, Veitia y Linage, Justino de Neve— y pintará en diversos estudios para morir ejerciendo de pintor en el último.

Diego Velázquez, Aposentador Mayor del rey, realiza sin prisa, no acepta encargos, ejecuta lo que el soberano le pide, gasta el tiempo aderezando las casas reales. Una familia compuesta por mujer y dos hijas no implica excesivos desvelos. Bartolomé Esteban pinta mucho, le agobian los encargos, y derrocha el tiempo acondicionado casas-viviendas. Una mujer, diez hijos, y múltiples calamidades urbanas, acarrean variados dolores de cabeza.

Cuando en 1649 Velázquez anda de viaje por Italia, Murillo está sufriendo en la propia carne familiar las consecuencias de una terrible peste que elimina a la mitad de la población. Sin el conocimiento del arte Italiano, y sin la amistad de Rubens, Velázquez hubiera sido distinto. Sin Sevilla y sin los personajes locales, Murillo hubiera pintado de otra manera.

El pintor que se quedó dejó que la ciudad penetrara en sus lienzos. Aparte de las figuras femeninas, tan sevillanas ellas, lo sevillano se hace presente en los temas religiosos, en ciertos tipos y en los detalles de la vida cotidiana. Los pinceles de Murillo enaltecieron y defendieron como nadie el dogma de la Inmaculada Concepción, tan caro a la ciudad. La ciudad del *sine labet*... Una y otra vez de su paleta brota gloriosa la

Virgen, Virgen joven, ingrávida, serenamente bella, sobre un capitel de angelitos "murillescos". Son imágenes, y lo son otros cuadros suyos, de plácidas actitudes, que atraen y reconfortan. Pero el pintor vivió en una época lacerada, de crisis económica y desastres demográficos, que se trasuntan en esos niños y seres miserables o llagados que no sólo pululaban por las páginas de las novelas picarescas, sino en los atrios de los templos, puertas de los conventos, plazas y calles. Dentro de una y otra Sevilla —de la religiosa y la del sufriente— figura una tercera: la de los objetos familiares, de uso cotidiano: cacharros de cobre y barro, cestos, espuertas y canastos.

Velázquez, el pintor que se fue, palatino y áulico, pinta al Rey tantas veces como Murillo a la Inmaculada. En Palacio el rey era Felipe IV; en Sevilla la reina era la Virgen. Velázquez, palaciego y cortesano, realiza temas mitológicos e históricos, y retratos, muchos retratos, sin olvidar en cuatro ocasiones el tema religioso, tema secundario. No faltan ni los perros ni los caballos tan orgullosos como sus jinetes. Murillo, nada cortesano, da paso en sus lienzos al mundo religioso que las vivencias populares demandaban; da paso a los tipos de la calle y de los hospitales como la Caridad, y al mundo íntimo del hogar, sin que falten los retratos. Tampoco están ausentes los animales, pero son unos perrillos familiares, y unos caballos carentes de vanidad. No la tiene la montura caida de Saulo ni la burrita que lleva a María hacia Egipto.

Imaginemos por un momento que Velázquez no abandonó Sevilla y persistió en la línea de la pintura que cultivó hasta 1623, y en la cual figura, con otra técnica, una temática similar a la de Murillo. No sabemos si hubiera habido sitio para ambos en la ciudad.

Para ambos y para Zurbarán y Valdés Leal... De lo único que estamos seguro es de que si Diego Velázquez no llega a sentir la "ridícula necesidad madrileña" que decía Juan Ramón y que le condujo a abandonar Sevilla, en lugar de solicitar el hábito de Santiago, hubiera pedido ser hermano de la Santa Caridad... como Murillo.

XXIX

PALACIOS PARA LA LUZ Y EL COLOR

◇◇

Una ciudad en ruinas, como un edificio, se presta a la elegía que Rodrigo Caro nos dejó para Itálica. Por eso adoptamos siempre tonos elegiacos, de lamentación, cuando hablamos de la Sevilla arquitectónica que fue y de la que restan aisladas muestras.

Tuvo Híspalis notables viviendas en el pasado con categoría de palacios. Nobles, magnates y ricos comerciantes fabricaron suntuosas mansiones símbolo de su poder social, político o económico. Luis de Peraza al escribir en el siglo XVI el capítulo IX de su Tercera década, lo titula "De las innumerables casas muy grandes y muy ricamente labradas que hay en la magnificentísima ciudad de Sevilla"... unidas a conocidos títulos y apellidos: Medina, Arcos, Tarifa, Villanueva, Béjar, Zahara, Orgás, Gelves, Portugal, Ayamonte, Castellar, etc. etc. Palacios y casas a las que se añadieron otras construidas en los siglos XVII y XVIII. De aquella "magnificentísima" Sevilla hoy no queda mucho. Algunos de los edificios que perviven vinieron a menos, pero tuvieron la suerte de ser rescatados a tiempo; otros se degradaron y arrastraron una depauperada vida. Todavía hoy el curioso puede acercarse a:

Casa de los marqueses de Tarifa hoy Casa de Pilato; casa de los Pineda o palacio de las Dueñas; casa de los Pinelo, hoy sede de las Reales Academias; casa de los Payba, hoy de la condesa de Lebrija; casa de los Bucarelli, hoy del conde de Santa Coloma; casa Galindo, hoy de la duquesa de Osuna; casa del almirante López Pintado, hoy del marqués de Villapanés; casa de los Tous de Monsalve, hoy sede de la Junta de Andalucía; casa Olea en la calle Guzmán el Bueno, hoy Colegio de San José; casa de Tomás Mañara en San Bartolomé; casa de los Arias de Saavedra, o del Mariscal, hoy casa de los Artistas, por San Juan de la Palma; palacio del Infantado por San Lorenzo; casa de las Columnas o de la Virreina en Triana; restos de las casas del marqués de la Algaba...

Permanecen estos y otros; permanecen en un estado que va de la perfecta conservación que hay que agradecer y alabar, a la decadencia y devastación total, que hemos de llorar.

Deprime un palacio, una morada abandonada, sea cual sea la categoría de quienes la habitaron, aunque desalienta más el declive y desolación de un palacio porque lleva aneja la desaparición de una familia, de un título, de un apellido, de unos fastos, otrora importantes.

Nada es regio en la Casa de los Artistas vinculada a Alfonso Pérez de Saavedra compañero de San Fernando en la conquista de Sevilla. Escaleras rotas; estancias vacías; corredores llenos de cascotes; techos hundidos; crujías que se caen... Reina el gato y el jaramago. De aquellos recintos huyeron el abolengo, la riqueza, el poder, el lirismo, la armonía... Donde antes lucieron tapices, ricas maderas, alfombras, cristales, lienzos, plata labrada y el orgullo de unos escudos, ya no queda nada. Ni siquiera la huella de los pintores que allí tuvieron estudio, y con sus pinceles se entretuvieron en el rostro saleroso o la figura galana de la chispeante modelo cuyo garbo contrastaba con el donaire y el empaque de las señoras de antaño.

A punto estuvieron de convertirse en casas de vecinos y, al final en cochambrosas viviendas, otras mansiones que hoy perduran en perfecto estado de conservación y en cuyos interiores —al igual que en muchas nobles casas sevillanas nada pretensiosas al exterior— hallaremos lo inimaginable, aquello que una guía corriente no enumera.

Dos palacios mantienen un continuo atractivo: la denominada Casa de Pilato y el llamado Palacio de las Dueñas, vinculados a dos grandes títulos. Casa y Palacio. Curiosa esta distinción en el habla popular. Son dos edificios distintos que se han impuestos a las mudanzas y a los años.

En la Casa —más palacio— de Pilato, mármoles, artesonados, azulejería, habita el recuerdo de un Pilato engendrado en el siglo XVI. Forma parte de la Casa la Capilla de la Flagelación, inicio del Vía Crucis de la Cruz del Campo origen de la Semana Santa sevillana. Estamos, pues, en el Belén de la gran Semana. Pilato queda bien lejos, pero en Sevilla persiste la conmemoración del drama que él desencadenó.

En el Palacio —más casa— de las Dueñas, jardines íntimos, artesonados, yeserías, habita el recuerdo de la emperatriz Eugenia de Montijo y del poeta Antonio Machado. Ambos se fueron, pero persevera un "huerto claro" y una luz, "Esta luz de Sevilla", que los ojos ciegos de la emperatriz no vieron.

En la luz y en el color se ha puesto el milagro de la ciudad. De esto pueden decir mucho los pintores: Gonzalo Bilbao, García Ramos, Gustavo Bacarisa y Alfonso Grosso. Uno de ellos, el último, afirmó que Sevilla era una ciudad de reflejos y de sombras iluminadas, y que los sevillanos han de rodearse de color para vivir. Si él, que era pintor y trabajaba con el color y la luz, lo dijo, sus grandes razones le ampararían.

Cada ciudad cuenta con su propia luz, su propio color, y su propio olor. En Sevilla, no cabe dudarlo, la luz y el color, en un urbanismo irregular, se confabulan para determinar el secreto de su ambiente. Luz y color de calles, plazas, casas, jardines. ¿Qué tonos predominan? Blancos, verdes, ocres y malvas. Todo depende del instante. Yo recuerdo una tarde en las Dueñas en mayo de 1985. La luz se mantuvo encendida en una palmera central del patio hasta que el poeta calló en la lectura de sus versos. El poeta era Joaquín Caro Romero. Al concluir los sonetos de un posible "Cuaderno de las Dueñas", la luz desapareció del todo llevándose los colores. Siguió sonando y escuchándose el surtidor y los vencejos o golondrinas, prolongando la dimensión espiritual de aquella reunión de amigos en las galerías altas. Nos fuimos llevándonos el ensueño. Atrás quedaba el enjambre de mecedoras, huérfanas de nosotros y de nuestra emoción. Nos retiramos lentamente, deambulando por los salones bajos, donde luz y color se iban marchitando en un crepúsculo que había dejado de serlo. Y en nuestro recuerdo iban anidando sonidos de agua, imágenes de luz y de palmeras. Las mismas que había poseido Antonio Machado:

> "Tengo recuerdos de mi infancia, tengo
> imágenes de luz y de palmeras".

XXX

LA VISION DEL OTRO

◇◇

Los otros son los viajeros que la visitan, un gran número de ellos obedeciendo a algún reclamo. Sevilla figura cual constante en los sueños de muchas personas. La ciudad se hace acreedora de un sinnúmero de epítetos que integran un completo florilegio a partir del Descubrimiento de América. Es tal el conjunto de maravillas que reúne esta otra parte del mundo, reina del Océano, que quien no vio a Sevilla, no vio maravilla.

A lo largo del primer tercio del siglo XIX, España por una serie de razones, algunas de las cuales hay que lamentar, se pone de moda. Los franceses como invasores en dos ocasiones, los liberales españoles como exiliados, y el interés que en el campo literario despierta el pretérito hispano tachonado de episodios heroicos en los que participan árabes, judíos y otros personajes exóticos, hacen que España sea actualidad. Política y cultura intervienen en la elaboración y reelaboración de una imagen del país donde, a semejanza del pasado, lo negativo es componente clave:

Inquisición, tinieblas medievales, superstición, crueldad, fanatismo... Pero, como siempre, a la espalda de esta cara existía otra fascinante formada por ingredientes positivos. Una y otra, unos y otros, incitan a los viajeros que son ya turistas. Sevilla está dentro del objetivo de tales curiosos. Lo que el alemán Moritz Willkom (1847) cuenta es paradigmático y cabe aplicarlo como experiencia de cada viajero. El confiesa que en Alemania apenas se puede decir *Sevilla* sin que la gente piense en el perfume de los naranjos y de las palmeras, en mujeres hermosas e hidalgos de pelo negro y rizado, en conventos sombríos y soberbios palacios, en la música de guitarra y venganzas sanguinarias... A él le sucedió como a tantos: la primera impresión le resultó negativa. Estuvo en diciembre y se fue aterido de frío y sin encontrar los encantos de que tanto le habían hablado. Volvió en octubre y se llevó la convicción de que Sevilla es uno de los lugares más agradables, poéticos y curiosos de España, merecedor de las alabanzas que se le viene prodigando desde hace siglos.

Al igual que a Willkom, le sucede a la mayoría de los forasteros del pasado siglo. La impresión que les causa la ciudad por lo común no es buena. Resumamos esa inicial sensación. Las calles resultan feas, mal trazadas, estrechas, tortuosas y sin pavimentar. Incómodo el hospedaje, y la comida detestable. La ciudad no ha sido construida para que pueda recorrerse en carruaje, salvo una media docena de calles bastantes anchas. Todo está organizado, dirá alguien, para su propia gente y no para los que están de paso.

La placa que campea en la Puerta de Jerez proclamando que Hércules fundó a la ciudad, y que César la dotó de murallas y altas torres... etc. es una síntesis de su historial: romano, musulmán, medieval, renacentista. Miles de columnas atestiguan las distintas épocas. Columnas que se encuentran por doquier. Cada cultura las utilizó; los moros imitaron a los visigodos; los godos imitaron a los romanos... Así las columnas se usaron de mil maneras.

El espectáculo callejero es muy distinto al de otras ciudades españolas. Resulta fácil apreciar la presencia de sangre mora. El color de la piel de la gente suele ser oscuro, la estatura más pequeña, el aspecto más desenvuelto, el gesto más rápido, la forma de hablar más animada. Gente vivaz y alegre. De rostros con óvalos perfectos, manos y pies pequeños y una fisonomía de extremada movilidad.

En el conjunto se percibe una fusión de Africa y Europa. La ciudad no es sólo la patria de la Inquisición, sino el jardín de las rosas, del ascetismo y de la voluptuosidad. Sevilla es los amores de don Pedro el Cruel y los amores de don Juan, una mezcla de austeridad y gracia.

Aquí la vida parece una cuestión menos grave que en otras partes: todo respira bienestar, lujo, alegría, limpieza, al menos aparentemente. Se dan las ventajas y no los inconvenientes del desarrollo industrial. Su sociedad está ordenada para esconder las bajas pasiones del corazón humano, no mostrando nada más que el lado poético de la vida, y ello por una necesidad de estar contentos, por una especie de buen humor natural y no por hipocresía. En ninguna parte hay gente más hábil para llevar el peso de la existencia. Albergan en el alma una mezcla de gravedad, de religión, de indiferencia al peligro, de pasión por la gloria... Sevilla es la patria de la indiferencia. La ciudad es una fiesta continua. Sevilla posee toda la petulancia de la vida; un alocado rumor se cierne sobre ella durante todos los instantes del día... El ayer ocupa poco; el mañana, menos; toda ella es presente...

Cuenta con un esplendoroso patrimonio artístico, a pesar de los expolios sufridos. Calificada y honrada con los títulos de muy leal, muy noble y muy heróica, bien merece también ser llamada "muy artística". Curiosamente un alemán, Wegener, la llamó en 1895 "Die Stadt der Grazie"... ¡La ciudad de la gracia! Una y otra vez, el visitante consigna las impresiones que le causan la Catedral, la Giralda, el Alcázar, la Lonja, el Paseo de Cristina, la Torre del Oro, la Fábrica de Tabacos, la Caridad, El Salvador, la Casa de Pilatos, la Plaza de Toros, Triana y los patios. Esa es su Sevilla. Son las curiosidades "que todos los viajeros han visto... conducidos hasta ellas por el mismo guía, que ha contado a todos la misma historia, que a su vez ellos vuelven a contar".

Quizás todavía "los otros" que llegan a Sevilla sigan pensando igual.

XXXI

FIGARO Y CARMEN

◇◇

Más de un texto literario se ha convertido en página eterna porque su autor supo darle vida a un personaje que encarnaba la locura, los celos, la avaricia o una cualquiera de las múltiples simas del alma humana. No es el caso de Pierre Caron de Beaumarchais, autor de *El barbero de Sevilla* (1775) y *El casamiento de Fígaro* (1785), ni de Próspero Merimée a quien se debe *Carmen* (1845). Fígaro y Carmen integran un binomio que, si no son caracteres universales como don Quijote, Otelo o Hamlet, son estereotipos que en la ideación trivial sirven para imaginar a Sevilla. Fuera, el sonido de la voz *Sevilla*, nos lo acaban de decir, lleva a pensar en mujeres hermosas, majos, gitanas, luminosidad, palmeras, guitarras, toros, bailes… Fuera, el decir *Fígaro* o *Carmen*, conduce a pensar en Sevilla. Los culpables de ello no son Beaumarchais y Merimée, sino Giacchino Rosini y Georges Bizet cuyas óperas mantienen vivo el recuerdo del barbero y de la cigarrera mediante una música pegadiza.

Sentado en una butaca de un teatro de Nueva York, Chicago, Berlin, París o Milán, cualquier melómano está en condiciones de soñar con Sevilla oyendo “El barbero de Sevilla” o “Carmen”, cuyos personajes responde más a la ficción que a la realidad. Porque el barbero nunca ha existido, ni su profesión es una modalidad artesanal propia del hombre sevillano. En cuanto a Carmen, cuya esencia veremos enseguida, aparece vinculada a la ciudad por ejercer una profesión que muchas sevillanas desempeñaron hasta constituir un tipo singular como el de la *modistilla* madrileña o el de la *grisette* parisina.

No hace aún muchos años, y para colaborar con el mito, circulaban en Sevilla unas postales en las que se veía la barbería de Fígaro; y como para demostrarnos que el rapabarbas respondía a una realidad, un viajero alemán de mediados del siglo XIX, J.G. von Quandt, sostiene que los sevillanos son corteses y ceremoniosos hasta la incomodidad, y remite a la frase “Le deseo tenga un buen sueño”, repetida una y otra vez en “El barbero de Sevilla”, cual nota exagerada y ridiculizante de los cumplidos sevillanos. Según el barón Charles Davillier ningún sitio mejor que Sevilla para colocar el tema del “Barbier”, pues el original existía en épocas de Beaumarchais y aún en el momento de Davillier. Las barberías abundaban en Sevilla y se les distinguían por lucir las puertas pintadas de verde claro o de azul con franjas amarillas. El barbero no vestía ya como Fígaro, pero continuaba en posesión de una suelta lengua y de una grácil habilidad para ser un buen guitarrero. Davillier cuenta que el rapador sevillano cuando afeita a un gallego o asturiano le mete en la boca una nuez a fin de hincharle la mejilla y lograr un mejor deslizamiento de la brocha y navaja, y sugiere que lo mismo debieran hacer los barítonos de la ópera al llenar de espuma las mejillas de Bartolo...

Carmen —la de Merimée— más representativa de la ciudad, por su profesión que no por otra cosa, es una gitana que se expresa en vascuence y, circunstancialmente, trabaja en la Fábrica de Tabacos. El soldado perteneciente a la guarnición de la Fábrica, que se pierde por ella, es un vasco de Elizondo. La relación entre ambos transcurre más por los campos de Córdoba, Málaga y Granada, que en la ciudad del Betis, la cual en el relato figura sin profundidad. Es un simple decorado: Fábrica de Tabacos, casa de la calle del Candilejo, freiduría de Triana, calle Sierpes, pan de Alcalá, y valencianos vendedores callejeros de horchata. Esta es la Sevilla de Carmen.

...La historia amorosa reúne todos los ingredientes de la literatura al uso: un viajero francés dedicado a la arqueología; un bandolero asesino; una gitanilla que lo encela coqueteando con un coronel; un inglés; un rico comerciante y un torero; unos gitanos contrabandistas relacionados con Gibraltar; guitarras y castañuelas, cigarros, posada infame, gazpacho, buenaventura, jazmines o divisas de toros al pelo... La historia que se cuenta es posible, porque posible es que un hombre pierda su norte por una mujer; pero los personajes de *Carmen* no son sevillanos, y la ciudad es escenario clave tan sólo en el "conocimiento" de la gitana-cigarrera por el mílite vasco José Navarro. Conocimiento en la Fábrica y en una casa de la calle Candilejo. El exótico y espectacular decorado de la plaza de toros apenas se esboza, y corresponde al coso de Córdoba. No obstante, en la ópera, la plaza cordobesa es sustituida por la de Sevilla, que sirve de fondo para la muerte de Carmen, asesinada por Navarro en el texto de Merimée en pleno campo cordobés.

Carmen, no por gitana, sino por cigarrera, une a la Fábrica, concluida más o menos cuando se comienza la Plaza, con esta. En la época de Merimée, 1830, la Real Maestranza sólo alzaba parte de su fábrica. Los viajeros posteriores a los días de *Carmen*, recuerdan que en 1805 un temporal abatió aquel sector dejando ver la maravillosa perspectiva sobre la Catedral que un grabado de Roberts recogió. Carmen no se encontraba entre la chispeante y multicolor multitud que llenaba los tendidos.

Cuatro mil Carmen, Encarnación, Dolores o Concha se afanarán fabricando miles y miles de cigarrillos y de libras de tabaco en polvo en una estampa que más de un escritor o pintor plasmó, y que no siempre refleja la realidad socio-económica. La lírica visión literaria de Merimée o la plástica más tardía de Gonzalo Bilbao con sus cigarreras cruzando el puente, no acaban de mostrarnos que aquellos ojos grandes y brillantes... están enfermizamente dilatados por la materia que sus manos elaboran. Ese polvillo que obliga a estornudar al alemán Wilhelm Löwnstein, cuando visita el recinto, es el estimulante para los ojazos de aquellas 1.500 ó 6.000 cigarreras, sentadas en grupo de a ocho o de diez en torno a mesas, manufacturando unas hojas de tabaco que iban extrayendo de cestas depositadas a sus pies. No era fácil penetrar en aquellas salas, llenas de voces, de grescas, de ropas multicolores colgadas en las paredes, de llantos de niños acunados. Al visitante siempre se le hacía la misma advertencia: son deslenguadas y burlonas, prepárese. El teutón, en este caso, con traje exótico y prismáticos a la bandolera, admite que la gente lo señalaba por las calles. Su estampa y su español chapurreado fue motivo de jolgorio entre las cigarreras. Para el alemán, sin embargo, la descarada alegría constituyó un lenitivo en el espectáculo de desaliño y suciedad que sus ojos iban anotando. Otro "curioso impertinente", Jules Claretie, en 1869, recordaba que al penetrar en las naves de la Fábrica, se oyó un golpe de campana y, repentinamente, las cigarreras se echaron sobre los hombros los mantones y repararon el desorden del tocado. Las más coquetas procuraban arreglarse los cabellos y asegurar una flor en la oreja. El intruso era contemplado con aire semiburlón y semiatento; por su parte él observaba que casi todas eran hermosas, y en el claroscuro de la sala-taller con arcos que evocan un ambiente conventual, piensa en las Hilanderas de Velázquez ("elles font songer aux Filandieres de Velázquez"), adelantándose así cincuenta años a Gonzalo de Bilbao. Sigue el cuadro descriptivo del extranjero en nuestra traducción: "Tienen la misma gracia sana y apetitosa. Estos millares de cabezas morenas donde, aquí y allá, amarillean algunas cabelleras de oro; estas cabezas vivas, agitadas, todas adornadas de flores rojas; estas blusas entreabiertas, estas faldas claras, estos niños en las cunas, situados al lado de sus madres y que ellas mecen mientras trabajan; estos vestidos colgados en la pared, como los cachivaches en casa del revendedor; este sol andaluz jugando sobre estos brazos redondos, sobre estos cuellos elegantes, sobre estas manos que lían alegremente...". Todo tal como en el cuadro de Gonzalo de Bilbao y, sin embargo, tan distinto a lo que otro francés vio treinta años después (1899), más cercano al pintor. Y es que en medio estaba la crisis antillana. Con René Bazin el cuadro pierde romanticismo y vivacidad. Las cigarreras no son ni la fullera Carmen de Merimée, ni las de Gustavo Doré, ni las de Palacio Valdés (La *Hermana de San Sulpicio*), ni las de Pierre Loüys (*La mujer y el pelele*). Son unas pobres mujeres dignas de piedad. Es lo que Bazin siente cuando contempla a aquellos centenares de operarias, la mayoría jóvenes, sentadas en torno a largas mesas liando cigarrillos en aposentos de suelos llenos de detritus de tabaco y una desagradable atmósfera. Sus rostros pálidos denotan cansancio. Ropas multicolores cuelgan en los ángulos de las estancias. Algunas de ellas alimentan a sus hijos, que reposan en cunas al pie de las mesas. No falta la descarada, pero la mayoría poseen una mirada triste. Ganan muy poco, lo justo para comer y hacerse la "toilette". Y es aquí donde el visitador francés encuentra una nota alegre en este "horroroso cuartel obrero": todas las cigarreras menores de treinta años se hacen peinar a diario en la misma Fábrica por una peluquera diplomada y se colocan un moño de jazmín, rosa o clavel... La vena vital del pueblo aflorando en medio de las contrariedades. En esta Sevilla finisecular el lirismo romántico, con todo su exotismo ha dado paso a un realismo socioeconómico de menestrales y obreros más propicio a imaginar una boda entre el barbero Fígaro y la coqueta obrera Carmen, que una tragedia entre la inconstante y apasionada gitana y el ex milite metido a bandolero.

Fígaro casándose con Carmen; casándose y escribiendo sus Memorias, porque nuestro peluquero antes que tal había sido escritor, oficio que genera más envidias que el de barbero: "Yo fui, confiesa, escritor en Madrid, y si no hubiese sido por los envidiosos"...

XXXII

FERNAN CABALLERO, UNA MUJER LLAMADA CECILIA

◇◇

He aquí una mujer que adoptó un nombre masculino al igual que su contemporánea Amandine Aurore Lucie Dupin, baronesa de Dudevand, más conocida por George Sand. Fueron casi paralelas sus vidas en cuanto a cronología y murieron al mismo tiempo (1876-77), George Sand tuvo amores con Musset, Chopin, Lizt... y escribió novelas. Fernán Caballero escribió novelas... y amó a tres maridos, capitán Planell, marqués de Arco Hermoso y Antonio Arrom de Ayala. No es extraño que la Sand hubiese vivido en el recinto del Palais Royal, mientras la Caballero habitaba una casa en el Patio de Banderas.

Alguien al morir Cecilia Bolh de Faber en el número 14 de la calle Juan de Burgos hizo una fotografía de su estudio. La luz de unos ventanales muestran un pequeño escritorio, un crucificado, una especie de jamuga... Hoy, lo mismo, sigue al pie de una esbelta ventana en el despacho del Director de la Real Academia de Buenas Letras. Los señores académicos entran en el despacho y conversan, sin poner su atención en los citados muebles. Son habituales; los han visto siempre en la casa. Desde 1986 al conjunto se ha incorporado una fotografía de Isabel de Orleans dedicada a doña Cecilia Bolh de Faber. Intencionadamente nos hemos sentado en el silloncito como lo hiciera mil veces Fernán Caballero y hemos dirigido nuestra mirada al sorprendente patio plateresco de la Casa de los Pinelo, sede de la Academia. Cerramos los ojos y recreamos algo de la vida de la mansión de aquellos italianos sevillanizados pronto influyentes en la ciudad. Hasta el patio llegaban olores ultramarinos procedentes de la Casa de la Contratación, y olores de incienso y cera provenientes de la catedral. El dueño de la mansión, Francesco Pinelli, banquero y mercader, pertenecía a una antigua familia genovesa, que llegó a Sevilla a finales del siglo XIV hasta conquistar una importante posición. Será amigo de Cristóbal Colón; estuvo muy vinculado a la Casa de la Contratación y "due suoi figli, Pietro e Gerónimo erano canonici nella Cattedrale di Siviglia". De ahí esos olores a especias y a incienso. Pinelo nos dejó esta casa con bellos artesonados adornados con sus escudos luciendo piñas de pinos.

Con los ojos cerrados suponemos ahora que es Fernán Caballero quien está sentada en el silloncito viendo por la ventana de su casa en el Alcázar el extraordinario exterior que se le ofrecía, tan distintos al patio de la Casa de los Pinelo que yo contemplo. Pero hay muchas cosas comunes entre estas dos personas que reposan en el mismo sillón con cien años de diferencia; una de esas cosas comunes es la Real Academia de Buenas Letras. Porque Fernán Caballero no sólo trasueña contemplando el paisaje del "Mejor cahiz de tierra de España", en el que se alza su morada, sino que escribe novelas y cartas en favor de la Academia para que volviera a tener su sede en el Alcázar. La había tenido desde que nació en 1751, en la sala Cantarera, antigua capilla de San Clemente, construida por el rey Sabio. Al radicarse los Montpensier en el Alcázar, la Academia se vió desalojada; hasta que, una vez trasladada la familia real al palacio de San Telmo, los académicos volvieron a solicitar su local usando la influencia de la novelista. Inútil porfía. Alguien juzgaba más conveniente que la sala pedida la ocuparan burras de leche...

Fernán Caballero había vivido antes en un cortijo de Dos Hermanas y en una casa de la calle Jesús comprada en 1834, que su marido el marqués le dejó al morir en 1835. La vida con Arco Hermoso fue gratísima; días felices con lo mejor de la sociedad sevillana. En la mansión de los Arco Hermoso coincidieron notables figuras y personalidades; una de ellas fue Washington Irving que quedó prendado de la hermosura, espiritualidad y alegría de Cecilia. La joven marquesa deleitó al norteamericano con su charla, por lo original, el sentimiento y la profundidad. Cecilia intercambió ideas, le expuso sus gustos literarios, y le contó anécdotas de los campesinos de Dos Hermanas, que Irving anotaba. Dos almas románticas coincidían en su veneración a Byron, que también pasó por Sevilla. El segundo esposo muere en 1835 truncando tanta dicha. Siguió la novelista habitando la mansión de la calle Jesús al contraer terceras nupcias a los dos años de perder a Arco Hermoso. Su felicidad y posición económica menguó —no así la fama— de tal modo que el matrimono vendió la casa, huerta y jardín sevillanos y se trasladó a Jerez a la vera de los negocios vinícolas que entretenían al esposo, hombre enfermo, cuyos asuntos en Jerez irían mal y no mucho mejor ¡en Australia! como cónsul de España. Logra al fin medrar algo y ella, separada por el espacio, se alegra. Más de nuevo la desgracia se ensaña y el tercer marido de esta mujer, que se hace llamar literariamente como un varón, acaba suicidándose.

Al quedar sola Cecilia se acoje al amparo de dos hermanas que viven en el Puerto de Santa María desde donde se dedica a soñar con Sevilla. Recuerda los años venturosos en que fue marquesa. Merece la protección y admiración de los Montpensier, y de la pareja real Isabel y Francisco de Asís. Cecilia se atreve a solicitarle a los reyes una casa en Sevilla, y su petición se hace realidad en 1856...: "la Reina como yo, tenemos una especial complacencia en que vayas a ocupar una de las habitaciones que sea de tu gusto en el Alcázar de Sevilla".

Es feliz, lo confiesa: "me encuentro en mi centro en mi Sevilla". El nuevo domicilio le encantó, "reune todas las ventajas, pues en él, escribe, conservo el silencio y el retiro que tan gratos me son. Está tan lejos del centro de la población, que, sobre todo de noche, parece que se está en el campo, y nadie se alarga por estos barrios; digo nadie de nuestro círculo". Todavía sigue así, aunque a punto estuvo de malograrse el recinto si en él se hubiera construido lo que hoy es la estación de Cádiz, con la aprobación real... A la casa asignada, la número 1 del Patio de Banderas, se entra por un largo callejón a mano derecha conforme se accede al Patio desde la Plaza del Triunfo. Bajo la arcada, a la izquierda, cuelga un viejo retablo. Todavía hoy hay quien afirma que ante él oró Colón. También lo creía la novelista que ante la furia iconoclasta de la Revolución del 68 escribe al gobierno para que respeten tal retablo testigo de las oraciones colombinas...

Está su nueva morada muy cerca de la Catedral y del Archivo de Indias, donde su amigo Irving, el primer investigador que penetró en tal sancta sanctorum, buscó noticias sobre Colón años antes. Desde su casa no contempla las fachadas de las casas del Patio, ni a quienes se asoman a sus balcones, ni a los que entran o salen, ni a los que cruzan el Patio hacia la Judería. El ámbito que fue escenario de soldados, criados y burgueses no es prolongación de su vivienda, separada de la hoy Plaza del Triunfo por la muralla del Alcázar. Monumento que recuerda el terremoto de Lisboa. Cecilia lo mismo imagina el transcurrir en un pasado lejano de los soldados en el Patio-campo de Marte, que el de los criados allí radicados cuando la corte habitó el Alcázar con Felipe V. Otras veces recrea el bullicio ante la Casa Lonja, el colorido abigarrado en las Gradas, e incluso llega mucho más atrás en sus ensoñaciones novelísticas. Pero lo que más le interesa es el momento que vive con todo su costumbrismo. Escribe y escribe. Para mostrar su gratitud redacta un folletito en 1864 con el título de "El Alcázar de Sevilla", cuyo contenido no le satisface.

La Revolución del 68 la desaloja de su amado domicilio. Antes había intentado irse a vivir al convento de Las Dueñas. Se instala en calle Juan de Burgos —con su nombre hoy—, donde muere en 1877. Muere en Sevilla, su gran deseo, porque realmente "hay destinos humanos ligados con un lugar".

XXXIII

ORILLAS DEL RIO

◇◇

"Lo primero que hay que hacer es subir a la Giralda, y lo segundo ir a caballo alrededor de las murallas... La mejor época para visitar Sevilla es la primavera, antes de que comiencen los grandes calores, o bien el otoño, antes de que empiecen a caer las lluvias de noviembre". Tres consejos de Richard Ford de los que dos siguen siendo válidos e inútil el de andar a caballos por la cerca derruida en 1868 al poco de dar Ford sus consejos.

Inspirado en estas recomendaciones sugerimos subir a la Torre del Oro y recorrer desde ella, en tardes tibias, el cuadrilátero formado por la antigua calle de la Marina (Paseo Cristóbal Colón desde 1892), puentes y calle Betis, y luego alejarnos hacia San Telmo y Paseo de las Delicias camino de Eritaña. Invitamos asi mismo a subir a la Torre del Oro para imaginar desde ella, al fondo del puente de Triana y más allá del año 1992, lo que será el urbanismo de Sevilla en esa dirección. La mirada del viandante que otea entre las almenas rumbo a poniente puede contemplar al río cataléptico moviéndose nuevamente y detrás de la Cartuja a Sevilla la Vieja itálicense, y, alrededor del monasterio covitano, la Nueva Sevilla del siglo XXI. A espaldas del avizorador paseante queda el actual Paseo de las Delicias, San Telmo y el Parque de María Luisa con sus plazas y pabellones testimonios de otras exposición impregnada de americanidad. Y es que Sevilla, desde que se desposó con América no ha podido ni sabido prescindir de esta, persistiendo en enviar y recibir galeones de nostalgia indiana.

Hemos paseado por el futuro, y lo hemos hecho por el presente, pero no por el pasado. Vamos a barzonear por las riberas del Río Grande de un ayer todavía cercano. No el río almohade, costumbrista y lírico con sus azacanes extrayendo el agua, sus mujeres lavando las ropas a escondidas de los curiosos, los furtivos que arrojan basuras en sus aguas, los grupos de jóvenes alejadas de los hombres que rien solazándose, los vendedores de carbón, los barqueros que llevan a la otra orilla gentes incluidos los vetados negros, esclavos y mujeres deshonestas. Río de Mutamid, Ibn Ammar y Rumaykyya cuyas aguas el viento convierte en una cota de malla... No por las orillas del río cristiano, alegre y desenfadado de micer Francisco Imperial, que cantó en octavas reales a quienes pasaban a Triana a divertirse, como lo haría a finales del Quinientos el alemán Diego Cuelbis que consideraba a Triana más barata y más cómoda que Sevilla para holgarse con lindas y hermosas doncellas... Río de Lope preso en graciosas letrillas: "Sevilla y Triana/y el río en medio/ así es tan de mis gustos/tu ingrato sueño". No por las orillas del río americano y mitológico, tan repleto de barcos, "Que otra Sevilla parece que está fundada en el río", Río de los cronistas Peraza, Morgado y Ariño, autores de páginas tintineantes de monedas de oro y plata, olorosas de especias y productos raros.

Ninguna de estas visiones del río y sus márgenes son las que invitamos a recrear y recorrer. Queremos pasear por estos espacios ribereños y aledaños en la época de Gustavo Adolfo Bécquer para quien "La orilla del río (fue) siempre el lugar de (sus) excursiones"... Quien habla en "La venta de los gatos", el mismo poeta, confiesa que "Después que hube admirado el magnífico panorama que ofrece en el punto por donde une sus opuestas márgenes el puente de hierro, después que hube recorrido con la mirada absorta los mil detalles a cual más pintorescos de sus curvas riberas, bordadas de jardines, palacios y blancos caseríos; después que pasé revista a los innumerables buques surtos en sus aguas, que desplegaban al aire los ligeros gallardetes de mil colores, y oí el confuso hervidero del muelle...". Después de sentir y presentir la Aduana, el Almacén del Azogue, la Caridad, la Real Maestranza, la Plaza de Toros, el Paseo del Malecón, la Puerta de Triana y El Triunfo cercano con su obelisco de jaspe rojo y esculturas de Blas Molner en homenaje a la Santísima Trinidad y el Paseo de las Delicias viejo... hemos de desandar nuestros pasos para disfrutar despaciosamente en el Salón o Jardines de Cristina y el Paseo de las Delicias nuevo. Con Bécquer, claro. Pero surge un grave inconveniente. El Salón de María Cristina y el Paseo de las Delicias han sido construidos por el asistente don José Manuel de Arjona entre 1826 y 1830, Bécquer nacerá en 1836, y el primer guía que nos va a explicar lo que es el Salón de Cristina lo visita en 1831. Difícil se hace oír al guía llevando como acompañante al poeta. Todo, sin embargo, es posible en la ficción, y en este momento nuestros renglones son hijos de ella.

El guía, Roberto de Custine, marqués de Custine ha venido a España acompañando a la princesa de Beira futura esposa del pretendiente don Carlos. Custine consignará sus impresiones en unas cartas que integrarán el libro *L'Espagne sous Ferdinand VII*; en la XXIV, dirigida a Chateaubriand el 8 de mayo de 1831 le manifiesta que al salir de la Catedral hispalense se ha dirigido "al paseo Cristina... aún en obras. En España, en donde todo se derriba, es raro ver edificar algo. Construir aquí es volver a levantar un montón de ruinas; Sevilla tiene un aire de prosperidad que debe molestar a los viajeros modernos habituados a quejarse de España. Una vez llegados a esta capital de Andalucía, los más obstinados cesan sus lamentaciones y se dejan llevar por la alegría meridional".

"El nuevo paseo es un jardín muy grande y magnífico; pero lo que desde lejos distingue a esta alameda de todas las que he visto en otras partes es su terraza enlosada, inmenso recinto; es una plaza, o más bien un enorme salón al aire libre. Figúrese Vd. los parterres de las Tullerías reunidos para formar un solo salón de baile, que se hubiera pavimentado con piedras bien pulidas, bien unidas y ajustadas con un cuidado digno del arte antiguo. Creo que este género de lujo es único en Europa". Teófilo Gautier apenas cuatro años más tarde, Alejandro Dumas en 1846 (Bécquer tiene 10 años), y Auguste Emile Begin en 1850, viajeros todos franceses, siempre tan exigentes y chovinistas, recaen en la admiración hacia "la Cristina", paseo ribereño circuido de un inmenso banco de mármol blanco con un respaldo de hierro; paseo distinguido, las Tullerías o Campos Elíseos de Sevilla, donde se pasea la aristocracia, la gente de buen tono...

"En la cercanía de la Cristina, observa Dumas, cordelitos azufrados y arrollados a postes tienen, a disposición de los fumadores, fuego siempre encendido, viéndose uno libre de la obstinación de los pilletes portadores de un ascua, que nos persiguen gritando: ¡Fuego!", y que hacen insoportable el Prado de Madrid.

Aunque aquel paseo es muy agradable, yo prefiero, sin embargo, la ribera del río, que ofrece siempre un espectáculo animado y renovado sin cesar...".

El divertimiento se prolongaba en el nuevo Paseo de las Delicias (el antiguo iba de la Puerta Real a la Barqueta) sustituto en parte del viejo Paseo de Bellaflor, que cruzaba la Glorieta del Abanico con rica fuente. Las Delicias de Arjona, así llamado por la gente, era un romántico vergel, formado por calles enarenadas, senderos, parterres, casitas rústicas, fuentes, estátuas, jarrones, un estanque alimentado por el río y extrañas plantas y árboles, muchos de origen americano, que dotaban al ambiente de sombra deleitosa, gratos olores y colores y un rumor de aguas refrescantes y vivificadoras.

XXXIV

ITINERARIO MELANCOLICO

◇◇

"A mi me basta saber a que paseo asiste de ordinario una persona para formarme una idea aproximada de su posición, su genio y sus costumbres".

Atardece cuando, tras escuchar la afirmación de Bécquer, dejo el libro abierto sobre mi regazo. Nubes aviesas tornan dramático el cielo; el aire se ensombrece y un viento rompe a correr alocado. Comienzan a estallar gotas en los tejados y en el patio. Un trueno golpea retemblante y la lluvia que arrecia se hace continua empapando el gris del ambiente. No queda más remedio que permanecer en casa, leyendo, o paseando por nosotros mismos.

El callejear en la ciudad, el pasear arriba y abajo por unas determinadas vías al atardecer —costumbres no muy lejanas— permitía conversar con los amigos y encontrar a uno y otro conocido. Ya no se concibe el urbanismo para deambular por él, sino para estar en los menos metros cuadrados posible.

Hay ciudades donde es impensable la caminata, y ciudades que mantienen el encanto de dejarse conocer a base de paseos. Quizás el andar sin intenciones de ir a un sitio concreto tenga algo que ver con la concepción romántica de la vida. Porque una vida y una sociedad que sean poéticas han de pasear.

Resuelto a no salir a causa de la tarde desamorable y penetrado por la lectura, me inclino placenteramente a transitar por mi interior en compañía de Bécquer, volviendo a sus escenarios sevillanos.

San Lorenzo al igual que San Vicente son barrios dueños aún de una fisonomía romántica, decimonónica. Buscando al poeta cuya obra descansa en su regazo, el paseante ha peregrinado hasta la calle Conde de Barajas, antiguamente Ancha de San Lorenzo, en cuyo número 9 nació Gustavo Adolfo en 1836. Más que el escenario de un hogar, el poeta debió retener en la imaginación el de los barrios donde transcurrió su vagabundeo infantil y de adolescente. Dos anos después del nacimiento, los cabezas de familia —José Domínguez Bécquer y Joaquina Bastida— aparecen domiciliados en el número 27 de la calle del Potro, junto a la Alameda de Hércules. Aquí falleció el padre de Gustavo Adolfo y el niño, con cinco años, comenzó a saber de penurias. Empujada por éstas, la colmena emigra a la calle Pascual de Gayangos número 12, 2.º, conocida entonces por Calle del Espejo. Allí fallece la madre en 1847. Los Bécquer emprenden de nuevo el traslado y se aposentan en la Alameda de Hércules, 37. Del mayor de ellos, Estanislao, con 19 años dependen Valeriano de 15, Gustavo de 13, Ricardo de 11, Alfredo de 9 y José de 7 años. ¿Qué ternuras femeninas se dejan sentir sobre estas vidas masculinas? Llega un momento en que el grupo se desintegra; de 1852 a 1854 Valeriano y Gustavo viven en Mendoza y Ríos, 17, en una casa de vecinos. Valeriano tiene 20 años, Gustavo 18.

Todavía hoy resulta grato pasear de una a otra de las calles que hemos mencionado. Durante algunos años de la década de los 40 vivimos en la calle Cantabria, en el meollo del urbanismo sevillano de Bécquer. A quienes la vida, por una u otra razón, nos ha arrancado de los paisajes de la infancia, sabemos que ellos, tremendamente determinantes de la personalidad, siguen siempre con nosotros. Bécquer salió de su escenario clave infantil para acercarse dentro de la misma ciudad al ambiente en torno al Palacio de San Telmo, Colegio de Náutica cuyos primeros cursos inicia a los diez años. El asistente Arjona y los Montpensier transforman el entorno del palacio, y Bécquer salido de la infancia frecuenta las riberas del Guadalquivir, "río de las ninfas, de las náyades y los poetas" en cuyos bordes se sienta, a las sombras de los álamos, dando rienda suelta a sus pensamientos y forjando historias imposibles. Es lo que el mismo nos dice. Soñaba. Soñaba el niño de diez años y el joven de 18 deambulante por el Paseo de las Delicias. Bécquer se pierde por las frondas del antiguo Paseo de Bellaflor, luego Delicias viejas del asistente Avalos y, finalmente las Delicias de Arjona. Discurre y fantasea Gustavo Adolfo por entre los exóticos árboles, las rosaledas, los jarrones y bustos, los estanques hasta llegar a la fuente del Abanico, en cuyo borde se sienta para soñar "la vida como embeleso inagotable" y para figurarse un porvenir brillante lejos del rincón provinciano.

Ha vivido la mitad de la existencia, le queda otra mitad.

Ha sonado la hora de abandonar los paisajes sevillanos... Ha sonado la hora para marchar a Madrid y conquistar la gloria literaria. Bécquer dejará tras si a su infancia y juventud, a sus hermanos —sobre todo a Valeriano—, y al retrato que éste le ha hecho y desde el que nos sigue mirando con sus ojos inquisitivos y románticos. Toda una época y una vida trascienden de esa cabellera, perilla, ropas y mirada.

Un día de 1854 el joven Gustavo Adolfo, que no ha podido persistir en sus proyectos de ser marino o pintor, se traslada a Madrid dejando atrás los escenarios de su vida y el grato otoño sevillano. Se va a la capital para vivir en ella otros 16 otoños, penosos, modestos y oscuros, cargados de ensueño. Pretende alcanzar la fama literaria. Todavía no es la hora de la primavera para su obra... Valeriano, el inseparable hermano, fracasado en su matrimonio, se le une ocho años más tarde y será testigo del paralelo fracaso matrimonial de Gustavo Adolfo. Madrid: Julia Espín la rubia musa; Casta Esteban la esposa; tres hijos; la enfermedad... Veruela; redacciones de periódicos; la agonía por ser... Ambos hermanos mueren el mismo año (1870) y regresan a Sevilla juntos en 1913.

Solitariamente, sin Gustavo Adolfo, continuamos el peregrinaje de las Delicias al Parque de María Luisa.

Nueve, ocho, cuatro, tres, una... las Musas de la Mitología griega. Cuestionable su número, cuestionable su origen. Tres, dos, una... las musas de Gustavo Adolfo. Tres mujeres se sientan en torno al ciprés de agua que ampara al poeta en el Parque de María Luisa, ideal sitio para retornar al libro que tenemos en el regazo y reanudar la lectura:

"Sobre la falda tenía
el libro abierto;
en mi mejilla tocaban
sus rizos negros; no veíamos las letras
ninguno, creo;
más guardábamos entrambos
hondo silencio.
¿Cuánto durá?"

Volvemos a dejar el libro y a pasear por nuestro interior. Cortamos unas rosas cerca del ciprés de agua becqueriano y nos encaminamos a la iglesia de la Anunciación o de la Universidad, última casa de los errantes Gustavo Adolfo y Valeriano. Allí estudiamos de 1946 a 1949. Muchas veces entonces, teníamos una veintena de años, hicimos lo mismo que ahora, lo mismo que antes había hecho Luis Cernuda que, una vez más, y acompañándonos en la última parte de este itinerario se encamina a "un rincón, donde bajo dosel de piedra un ángel sostiene en su mano un libro mientras lleva la otra a los labios, alzando un dedo imponiendo silencio".

Es noche cerrada. Abrimos otra vez el libro, y leemos:

"Entró la noche, y del olvido en brazos
caí, cual piedra, en su profundo seno;
dormí, y al despertar exclamé: ¡Alguno
que yo quería ha muerto!"

XXXV

HIJA DE REYES Y MADRE DE REINA

◇◇

El renombre del Parque de María Luisa sirve para retener el nombre de quien lo donó sin profundizar más allá de lo que se esconde detrás de ese María Luisa. Pensamos y hablamos del Parque, extraordinario jardín, sin recalar en la personalidad de la infanta con una historia tan melancólicamente bella, que la del Parque y la de su esposo mitigan.

Frondas, flores, estanques, azulejería, avenidas de árboles, rotondas, glorietas, pérgolas, mirlos, gorriones, palomas... todos dispuestos estéticamente por el francés J.C.N. Forestier para que Sevilla goce desde 1913. Y la ciudad no lo hace suyo con la intensidad debida, aunque la copla lo cante y se use para presumir de él.

María Luisa Fernanda de Borbón, hija de Fernando VII y María Cristina, hermana por tanto de Isabel II, nació en Madrid en 1832 y murió en Sevilla en 1897. Casó con Antonio María Felipe Luis de Orleans, duque de Montpensier a quien dió numerosos hijos, la mayoría muertos jóvenes, y entre los que destaca María de las Mercedes, esposa que fue de Alfonso XII. Tal la mínima ficha biográfica de una mujer hija de reyes y madre de reina.

La otra ficha es la del citado Antonio de Orleans, vástago menor de los diez que tuvo Luis Felipe de Orleans, hijo a su vez de Luis Felipe *Igualdad* así llamado por sus simpatías a la Revolución bajo cuya furia cayó. Luis Felipe de Orleans, rey de Francia con escarapela tricolor en el sombrero, llegó al trono por vías no muy ortodoxas, gracias a la Revolución de 1830 y a un no muy leal comportamiento con su pariente el destronado Carlos X.

Era Antonio de Orleans un niño de seis años en el momento de sentarse su padre en el trono de Francia: 1830, fecha en la cual nacería la futura Isabel II de España, dos años antes que su hermana María Luisa Fernanda. El niño Montpensier, Antonio de Orleans, alternó sus vivencias infantiles entre la espléndida mansión campestre de Neully, el Palais Royal y las Tullerías. Paisajes y escenarios en una etapa eminentemente receptiva y formadora que quiso tal vez reproducir en torno al Palacio de San Telmo sevillano. Montpensier, es decir Antonio de Orleans y de Borbón-Sicilia, pasó por el colegio, la tutoría de Antoine de Latour y la Escuela Politécnica antes de llegar a ser un buen oficial del Ejército francés, con el que combatió en Argelia mereciendo la Legión de Honor. Con su veintena de años sería Teniente Coronel y su padre anhelaba casarlo con Isabel II. Lo impidió Inglaterra, por lo que los futuros consuegros, Luis Felipe y María Cristina, planearon unirlo a la infanta María Luisa Fernanda.

Entonces, 1846, Antonio de Orleans era un mocetón de 22 años, alto, fornido, de rostro inexpresivo, rubio, bigote y perilla, calculador y ambicioso. Como su padre. María Luisa Fernanda de Borbón, de 14 años, era una jovencita pequeña, delgada, airosa, morena, tímida de rasgos delicados y mirar soñador. Lo contrario a su hermana Isabel.

Antonio se encontró con su padre rey al cumplir los seis años; María Luisa se quedó sin el rey su padre cuando no tenía dos años.

A los tres meses de fallecer Fernando VII la reina viuda formó nuevo hogar con Agustín Fernando Muñoz, miembro de su escolta, y se distanció algo de sus hijas, las cuales recibieron una deficiente educación y solo en 1844 supieron del morganático matrimonio de su madre. Las dos niñas vivieron años políticamente difíciles, que debieron hacer mella en su temperamento. A la vivaracha y desenvuelta Isabel se le reconoce la mayoría de edad con trece años... propios para jugar y soñar con muñecas; a la tímida y callada María Luisa Fernanda se le compromete y se la casa a los 14 años.

Trece años de la mocita casquivana Isabel, futura madre de Alfonso XII; catorce años de la muchacha formalita Luisa Fernanda, futura madre de María de las Mercedes, el primer y gran amor de Alfonso XII. ¿Dónde vas, triste de tí?

En septiembre de 1846 tuvo lugar la petición formal de la mano de Luisa Fernanda; el prometido, que no hablaba español, llegó poco después con un séquito de pintores, artistas y escritores entre los que figuraba Alejandro Dumas, que pronto hablaría de una Sevilla que no era aún la de los Montpensier, la del matrimonio Antonio de Orleans y María Luisa Fernanda de Borbón. El matrimonio de ambos había tenido lugar el mismo día que Isabel II se desposó con su primo Francisco de Asís (10-X-1846), hijo del infante Francisco de Paula, duque de Cádiz, hermano de Fernando VII. Isabel a sus 16 años se veía obligada a entenderse con su primo y esposo Francisco de Asís. Hablaban el mismo idioma, y tuvieron nueve hijos. María Luisa Fernanda a sus 14 años se tenía que entender con aquel "franchute" grandullón que no hablaba su lengua, pero igualó a su hermana, pues tuvo nueve hijos.

Para la niña, niña era, fue de pesadilla lo que el Destino y los acontecimientos políticos le deparaban: unión con un extranjero al que acababa de conocer; separación de su medio familiar; viaje a Francia en tren que le horrorizaba; presentación en las Tullerías a la familia Orleans; Revolución de 1848; huida hacia Inglaterra... En la escapada el marido, más atento a sus padres, se olvida de la esposa y deja sola a la infanta española ya embarazada... El peregrinaje les conduce a Sevilla pasando por Madrid, donde su hermana Isabel, reina, separada virtualmente de su marido, se mostró fría, sobre todo cuando Antonio de Orleans solicitó la partición de los bienes particulares de su suegro Fernando VII. No es posible en este paseo seguir la borrascosa e inquieta vida de Montpensier determinante del destino de la discreta María Luisa.

Situada la pareja en Sevilla, logra permiso del Gobierno para adquirir el Palacio de San Telmo, Seminario o Colegio de Náutica hasta 1847. Aprobado en Cortes, sancionado por la reina en 1849, y legalizado por escritura al año, el palacio de San Telmo pasó a poder de los Montpensier. Mientras se suceden estos trámites y se acondiciona el edificio, los Montpensier vivieron en el Alcázar, donde nace su primera hija, María Isabel. San Telmo es embellecido, y los Duques compran la Huerta del Naranjal y otros terrenos limítrofes remodelando todo el entorno del palacio convertido en centro de una pequeña corte.

Montpensier soñará con el trono de España; se rodeará de orleanistas que llegan a Sevilla; alcanza el grado de Capitán General y es nombrado infante de España; interviene en la política; subvenciona la Revolución del 68... Le nacen hijos en 1850 y 1852; pasa la familia temporadas en Sanlúcar; viajan a Madrid y el extranjero; y salen para el destierro en Lisboa tras la citada Revolución. La infanta María Luisa va siempre a remolque de la intensa actividad de su esposo que no cesa de conspirar y de soñar con ser rey de España. Vuelto a Sevilla y Madrid, el duque es provocado a duelo por el infante Enrique, primo hermano de su mujer, al que mata. Es de imaginar lo que todo esto significaría para María Luisa, que lo acompaña al exilio en Francia cuando su esposo se niega a reconocer a Amadeo de Saboya. Procesado por sospechársele inductor del asesinato de Prim, Montpensier dirige el partido de su sobrino el futuro Alfonso XII, hace las paces con Isabel II y reconoce el derecho a reinar de su hijo... En el otoño de 1876 vuelven a su palacio sevillano, y dos años más tarde ven como su hija la dieciochoañera María de las Mercedes se desposa con Alfonso XII... La dicha sólo dura cinco meses porque la bella Mercedes fallece: "Cinco duques la llevaban por las calles de Madrid...". Los Montpensier quieren que el joven y viudo soberano se una a otra de sus hijas, con Cristina de Orleans, pero esta muere también... Todavía queda una esperanza: el monarca accede a que su hermana Eulalia case con el único hijo de los Montpensier, Antonio de Orleans y de Borbón, y así se hace en 1886 sin mayores consecuencias porque Alfonso XII, muerto el año anterior, dejará suficiente descendencia.

Montpensier ya no es el personaje de imponente y arrogante aspecto; se ha convertido en un desaliñado anciano de 66 años. No ha logrado ver realizados sus sueños y las posibles compensaciones habidas gracias a los matrimonios de sus hijos se han malogrado; ni siquiera tiene buen fin su nieta primogénita Amelia, ascendida al trono de Portugal en 1889. De modo fulminante Montpensier sucumbe en una cacería (1890). La infanta María Luisa vive siete años más en su palacio sevillano entregada a las obras de caridad y a evocar el recuerdo de tantos hijos perdidos y una vida en la que casi no tuvo tiempo de ser niña. Creo que ya estamos en condiciones de volver al Parque de María Luisa y vivirlo con más intensidad.

XXXVI

MIRABILIA HISPALENSIS

◇◇

Nunca un Papa había estado en Sevilla. Ni para su reconquista del musulmán; ni para inaugurar el primer Tribunal del Santo Oficio; ni para presenciar los solemnes desfiles del Corpus y Semana Santa; ni para embarcarse con Colón camino del Nuevo Mundo; ni para proclamar el dogma de la Inmaculada Concepción… El tiempo pasaba y ningún Sumo Pontífice llegaba hasta la "mariana" Sevilla. Y es que el Santo Padre no abandonaba jamás su morada romana desde que Pedro decidió habitarla.

Repentinamente un día el Papa, tocado del mismo espíritu viajero de los franciscanos de la Edad Media, comenzó a viajar. Peregrinó a Tierra Santa en enero de 1964. "Quien quiere ir a ultramar, indica un libro de viajes medieval, puede ir por muchos caminos, o por mar o por tierra, según las partidas donde él estuviere". El autor de tal libro, *Libro de las Maravillas del Mundo*, pese a llenarlo de fabulaciones y cosas fantásticas no llegó a suponer que el viajero se trasladase por el aire, volando, como fue el Papa a Jerusalén en su primera salida. Pero el Papa no encontró nada "extraordinario", nada semejante a aquellas cosas que les fue dado admirar a muchos andarines medievales: la túnica inconsutil de Jesús conservada en Constantinopla y la esponja con que se le ofreció hiel y vinagre; la cruz en la que fue colgado el Buen Ladrón venerada en Chipre; el Mar Muerto donde flota una barra de hierro y se hunde una pluma; las manzanas que contienen cenizas de Sodoma y Gomorra; la estátua de sal de la mujer de Lot; el dedo con el que Juan el Bautista señaló a Jesús; árboles y gallinas que daban lana; hombres con un ojo en la frente o con pies de caballo; viñas en las que nacen racimos de uvas tan grandes que un hombre no puede con ellos... Tendría que venir hasta Sevilla si quería contemplar cosas maravillosas, esas que a veces aparecen en "los libros de mentiras y vanidades". Porque Sevilla no se quedaba atrás, y era dueña —claro que en tiempos de los godos— de un prodigioso patrimonio. Ufano, y para vanagloriarse de él, lo relaciona un cronista del siglo XVI: cabellos de Juan el Bautista y de la Magdalena, eslabón de la cadena de San Pedro, piedra del Santo Sepulcro, pañales del pesebre, maná del desierto, una sandalia de San Pedro... Más de un Santo Padre había donado a Sevilla —a su catedral— estas reliquias "antes de la destrucción de España". Sevilla contaba con tantas cosas extraordinarias —incluso un palacio de Pilato— como las que se veían yendo a Oriente en el siglo XIII. Y más tendría cuando se convirtiese en puerta de América.

El pontífice, ajeno a ello, prosiguió recorriendo el mundo, y multiplicó desde 1978 sus periplos. Lejos de la época en que Jerusalén era el centro del mundo y la tierra quedaba dividida entre los tres hijos de Noé, mucha geografía fantástica había sido arrumbada, aunque persistía el anhelo por las cosas maravillosas.

En Sevilla las había desde tiempos muy antiguos. Al fin, en una de sus visitas testimoniales, el Papa llegó hasta Sevilla. No venía a contemplar el fabuloso relicario del cual ya nadie se acordaba. Venía a ver bailar a los Seises y a proclamar una Santa. Dos acontecimientos extraordinarios, porque no nace una beata cada día, ni los Seises danzan a diario.

Los niños cantores y danzarines sólo actúan en las festividades del Corpus e Inmaculada, pero el Cabildo Catedral se empeñó (no tendríamos semejante catedral si no fuera por esos empeños) en hacer una excepción para que el Papa luego contara lo que, quizá, nadie le iba a creer, a semejanza de los inverosímiles andarines medievales. Y no solo los Seises bailaron vestidos con sus jubones acuchillados a franjas celestes y amarillas, calzón y medias claras, y chambergo emplumado, sino que lo hicieron fuera del recinto catedralicio. No hubo espectante desfile, ni tronó el órgano, ni hubo verja magnífica, ni retablo de oro, ni vidrieras tamizadoras de luz, ni bóvedas trémulas. Hubo un público estremecido y una Santa en lo alto del altar, que con idéntica sonrisa que el Papa y las manos cogidas como él gozó con las castañuelas y los pasos entrelazados señorialmente al son de sus voces, de los niños-seises. Sor Angela de la Cruz sintió que ascendía, cuando el Papa dijo: "En este marco sevillano, envuelto, como vuestros patios, por la «fragancia rural» de Andalucía, vengo a encontrar a las gentes del campo de España. Y lo hago poniendo ante su vista una humilde hija del pueblo, tan cercana a este ambiente por su origen y su obra. Por eso he querido dejaros un regalo precioso, glorificando aquí a Sor Angela de la Cruz". La humilde, poquita cosa, morena, de labios finos, ceja interrogante y mirada dulce Angela Guerrero.

Así como a los sevillanos del siglo XVII no era necesario hablarles de la Inmaculada Concepción de María, tampoco a los sevillanos del siglo XX era preciso demostrarles la santidad de Sor Angela de la Cruz. Un poeta, Rafael Laffon, había expresado el sentir de su pueblo: "Por las calles de Sevilla/, pasito a paso una santa". Pasito a paso, por un camino de privaciones e incomodidades, Angela Guerrero González y sus hijas las Hermanitas de la Cruz, recorrían y recorren el camino de la santidad consagrándose a los demás. En el inmenso y variado retablo de la ciudad —tan inmenso y variado como el de su catedral— ocupan lugar privilegiado una pareja de monjitas deslizándose en el amanecer hacia su casa después de pasar la noche junto a los que sufren. Cada una de estas mujeres es un trasunto de aquella "negrita y pequeña zapaterita" que decidió hacerse pobre entre los pobres para atraerlos a Cristo. Lafita y Labrador la pintaron; la Giralda —caso excepcional— le lloró; Javierre la biografó; Juan Pablo II la beatificó; y Sevilla...

XXXVII

CARA Y CRUZ DE LA FIESTA

No existe en Andalucía ni en Sevilla una raza pura, ni el sevillano o andaluz es un directo heredero de la cultura musulmana, como ha propagado el tópico de la falsa y vulgar interpretación. Muchas razas —con todo lo cuestionable que es hablar de raza— y muchas culturas se han ido citando en el ubérrimo valle del Río Grande para decantar unos tipos donde quizá prime o sea más constante una manera singular de ser en la vida.

Estamos ante un meridional atenuado, sin histrionismos —aunque no falte el gesticulante— con cordón umbilical hacia el pasado que se nutre más del Renacimiento que de otras épocas. Renacimiento y Cristianismo. Hijo de turdetanos, fenicios, etc. y, más reciente, de castellanos, italianos o irlandeses, este tipo conforma antropológicamente un ser que, cargado de un rico y variado legado cultural, se comporta de una manera determinada en un habitat determinante. Hacemos esta afirmación reconociendo lo aventurado que es hablar de un arquetipo nacional o regional; yerro en el que el mismo Gracian incurrió en el siglo XVII al tipificar a los españoles y europeos, y afirmar que los moradores de Sevilla ni "son blancos ni bien negros, donde se habla mucho y se obra poco, achaque de toda Andalucía".

Va descaminado quien piense igual que Gracian y reduzca la esencia del hombre sureño a exageración, embuste, holgazanería, chistes, etc. Tipo huero y hueco, jocundo y dado a la facundia, imaginativo y trapacero. Tales tipos existen en todas partes; en todas partes hay personajes estridentes, ansiosos de darse como espectáculo, aunque aquí, tal vez, tengan más ocasiones para ello.

En una conversación, como las que estas páginas intentan serlo, no podemos rehuir el tema para advertir la posibilidad de un encuentro con el tipo-tópico. Y hemos sentido esta necesidad de advertencia o aclaración al toparnos, sin querer, con otra clase de individuo: el que reniega de lo que los demás considera más importante o más definitorio de su pueblo. Aquí esta actitud de negación y rechazo resalta más por la magnitud y significado de lo que se repudia. No era nuestra intención tratar de ello cuando nos pusimos a escribir sobre la fiesta del Corpus Christi. Tiene esta efeméride, desde el siglo XVI, un ceremonial y significado que para muchos es la fiesta más sevillana y por supuesto, más trascendente que la misma Semana Santa. Queremos recordar que algo de esto pensaba Gustavo Adolfo Bécquer*. Las mañanas del Corpus en Sevilla son inolvidables. El aire pleno de graves acordes, de campanas alteradas, de música de

---

* Refiere los elogios que la Semana Santa ha merecido, pero a su "juicio, tiene mas carácter y responde mejor a las costumbres de sus habitantes y a la fisonomía especial de la población, la festividad del Corpus, toda luz, flores, perfumes y galas en las calles...".

bandas, del rumor fervoroso de la gente que pisa el romero y la juncia acentuando el ambiente perfumado del aire límpido mañanero. Lo son así desde el Quinientos. En esta centuria los sevillanos reaccionaron contra los que negaban la presencia real de Cristo en la Hostia y contra los que criticaban el culto a las imágenes, intensificando la adoración a la Eucaristía y los desfiles pasionales. La conmemoración había sido instituida por la Iglesia en 1264 y comenzado a manifestarse con procesiones callejeras en 1317. El Corpus y la Semana Santa sirven para subrayar la expresión contrareformista y quieren significar el triunfo frente a la herejía. Lo notable en ambas festividades consistía en la participación del pueblo. Eran fiestas sagradas y profanas; de devoción, pero también entretenidas y didácticas, llenas de aire populares, que Albéniz recogería en su bella composición "El Corpus en Sevilla". En el siglo XVI el Corpus era una fiesta grande; más grande y más espectacular que hoy. Quedan testimonios documentales de lo que fuera todo el aparato religioso, festivo y procesional: adecentamiento de las calles para eliminar los hoyos y limpiezas de estiércoles; toldos y tapices; juncias, alcacel y hierbas olorosas; la Tarasca y la Tarasquilla; carros con cómicos representando autos; estandartes de las Cofradías; mozos de coro; órganos portátiles; la denominada "roca" o paso con Jesús, la Virgen, Santos Evangelistas... todos con artificios encima y debajo de las andas. Más que nunca Sevilla hacía honor a esa condición suya de ciudad en procesión. Un documento del siglo XVI de los muchos que podemos consultar en el extraordinario archivo de la Catedral, establecía este orden para la procesión: Tarasca; Gigantes; Cofradías (Sed, Cristo de las Penas, Buen Fin, Bofetada, Tentación, Nombre de María, Tres

Caídas, Sentencia, Monserrate, Regla, Pópulo... etc. hasta 40); seguían cerca de doce imágenes; órdenes religiosas; cruces de las parroquias; danzas; clerecía; Provisor con sus ministros; Cetreros; Diputado de las Santas Reliquias; Veinteneros; Canónigos; Custodia; Arzobispo; Capellanes; Inquisición; Ayuntamiento...

Con los siglos el Corpus perdió su carácter o naturaleza al desaparecer la participación popular y la contribución de los gremios, aunque su jueves siguió reluciendo más que el sol. El elemento profano se fue ausentando del aparato ceremonial y la misma liturgia se amortiguó. La tramoya catedralicia dejó de ser la de antes; tampoco el decorado de las calles, ocupado por una arquitectura efímera con notables invenciones y artilugios, era el del pretérito; los elementos de diversión y distracción —danzas y representaciones teatrales— quedaron eliminados, y con ellos desaparecieron los gremios sus promotores. La devoción y la irreverencia, la piedad y el divertimiento, se quiso reducir a devoción y piedad, sin jolglorios y chacotas. Las mentes ortodoxas y las racionalistas del XVIII lucharon por esa "depuración" de la fiesta para liberarla de la ganga de diversión que tanto atraía y entusiasmaba al pueblo. La fiesta del Corpus conservó sólo el aspecto sacro y perdió espontaneidad y alegría popular, cosa que no ha sucedido con la Semana Santa en donde a veces se acentúan estos aspectos. De haber mantenido el Corpus la vistosidad y jolgorios carnavalescos se hubiera hecho acreedor de las críticas de los que rechazan la bulla y la trulla y, como Blanco White, hablan de "extraña mezcla de superstición e irreverencia".

Cada 15 de agosto con la Virgen —Virgen de los Reyes— y cada jueves de Corpus, el sevillano deja de lado el exhibicionismo en el que muchos caen con la Semana Santa; y caen y recaen con el Rocío por mor de la desmesura. Las exteriorizaciones ostentosas para Vírgenes barrocas las transforma en mesura en honor de la Virgen medieval y del misterio eucarístico.

El visitante quedará perplejo por unos y otros comportamientos, que no atina a explicarse y que nosotros no estamos en condiciones de hacerlo. Pero también debe hacer caso de la vulgaridad o del denuesto y condena de la desmesura, aunque provengan de bocas sevillanas. Y es aquí donde nos tropezamos con ese personaje que existe, y que hace sesenta años encontró José María Salaverría cuando intentaba ver la Semana Santa: "En cuanto abandono el hotel, un joven, acaso inteligente, estima oportuno preparar mi ánimo para el espectáculo de la mascarada paganocatólica... Probablemente este joven sevillano no quiere pasar por reaccionario; desea ser moderno, y ante el miedo de caer en vulgaridad, ¡afectivamente incurre en ella! Se apresura a mostrarse como un espíritu superior que siente vergüenza por las supersticiones de su pueblo". Para este cicerone el espectáculo es grosero, los costaleros se emborrachan y hacen oscilar a las imágenes, la saeta es una copla semiprofana, la multitud vive en francachela... Mucho antes que este joven, Blanco White, haciendo una completa y rica descripción de la Semana Santa y del Corpus, en su Carta Novena, desliza similares consideraciones. Afirma que en todas partes se burlan de los sevillanos por la vanidad desplegada en estas solemnidades, cuyo objetivo es pasear un grupo de figuras de tamaño natural en unas procesiones carentes de algo que atraiga la vista o impresione la imaginación a excepción de una que sale de madrugada, y que sirven de pretexto para salir disfrazado a la calle en un país que no tolera los carnavales, y donde se busca el aplauso con sangrientas flagelaciones...". Percibe Blanco White en la procesión del Corpus, cierto triunfalismo y "resabio de celo amargo y amenazador que todavía subsiste disfrazado bajo la devoción ardiente e ilimitada que se despliega en esta fiesta". Blanco admite y elogia la grandiosidad del culto, el decoro de las ceremonias y lo impresionante de las procesiones, pero también lo critica sin situarse totalmente en la línea del jóven guía que acompañó a José María Salaverría, un levantino de origen vasco, el cual, a pesar de la negativa visión de su informante, al ver bailar a los Seises reconoce que vivió unos "instantes de intensidad espiritual que no olvidaré fácilmente, y que necesito añadir a la cuenta de las buenas emociones que le debo a Sevilla" mientras Blanco White tachaba a tal danza de "grotesca función".

Decidamos por nosotros mismos. Vivamos la Semana Santa; vivamos el Corpus; vivamos las Octavas del Corpus y de la Inmaculada con el baile y música adolescente y antigua de los Seises. Tal vez tengamos que poner algunos reparos, tal vez encontremos, como Salaverría, la honda y delicada religiosidad hecha de ternura y exhibiciones de un pueblo que necesita plasmar sus sentimientos de modo expresivo y material. De un pueblo que no concibe la religión intelectualista por estar hecho de hombres clavados en la latitud de la palmera y el naranjo, que exigen la ayuda del símbolo de la imagen a la que le adjudica toda la carga de su cordialidad. Tal vez.

XXXVIII

DE LA REJA AL PATIO Y AL COMPAS

◇◇

El título de Guía sentimental, sin sentimentalismos, nos parece que encierra cierta melancolía y quizá nuestras páginas, en determinados momentos, rezuman una vaga tristeza por lo que fue y ya no es, sin que la intención haya sido elegiaca. Porque no es una guía para andar por Itálica, sino para solazarse con Sevilla —urbanismos, hombres, patrimonio cultural—, una ciudad viva, que hace del pasado presente continuándose a sí misma. Algo de los renglones que siguen, conducen a reflexiones sobre cosas que llegaron a ser hasta el tópico señales personales de la ciudad y ya no lo son. Todavía arriban visitantes dispuestos a divisar en las laberínticas callejas inmóviles galanes agarrados a la reja, y a descubrir escenas de vida en los acogedores y bellos patios. El viajero ignora que los cambios de costumbres también se han dado en Sevilla, y que la edificación de viviendas multifamiliares dictaron sentencia contra rejas y patios.

Las rejas y el balcón van unidos. Y el muro blanco. Las rejas, a su vez, es el decorado sine que non del "pelar la pava", escena difundida en tarjetas postales. Pero el diálogo amoroso a través de la reja, costumbre tradicional, murió. Las rejas quedaron solas y las postales tomaron un tinte sepia hasta convertirse en objeto de coleccionistas.

Hace más de cincuenta años el patio era ya tema de evocación. Lo cantaron y lloraron Alejandro Collantes, Rodríguez Buzón, Santiago Montoto y Romero Murube, que no se olvidaron de los hermanos Alvarez Quintero "pregoneros fidelísimos de todo el encanto de estos maravillosos y apartados rincones, donde la luz se mira y el aire se recrea". Después de esto sobra mencionar el mármol, la cerámica, el hierro, el agua, las plantas, la mecedora o las jaulas...

Uno de los soldados franceses que vino en los Cien Mil Hijos de San Luis, redactó lo que tituló *Album de un soldado* en el que figura un curioso grabado y una extraordinaria referencia a los petimetres sevillanos que, al pie de la reja, cantan serenatas a las amadas. Si surje un rival, la reyerta es inevitable. Y si uno de los fogosos amantes muere, en la casa de la beldad disputada se fija un azulejo coronado por una cruz negra con estas palabras: "Aquí mataron a tal... etc.". Inscripciones que no intimidan a los enamorados por lo que a veces se encuentra repetida la fúnebre plaquita en la misma mansión. Casi estamos dispuestos a pensar que el soldado del duque de Anguléma lo que vio fue uno de los azulejos colocados por el Intendente Olavide... y que alguien le explicó y tradujo con truculencia. Petimetres y majos son remembranzas del pasado, al igual que la modalidad amatoria al pie de la reja convertida en adorno o defensa, pero no en palenque amoroso.

También los patios han dejado de ser lo que fueron. Tema comun el de los patios a cuyo servicio se han rendido centenares de plumas lisonjeras: que si es el lugar mimado de la casa, que si es un término medio entre el jardín y la sala, que sin están hechos para recibir nidos de golondrinas, que si ponen en comunicación los hogares con los astros... Lugar común para disertar sobre su ancestro romano o árabe y para teorizar entorno a su alegría o tristeza. Frente a la consideración del patio luminoso y alegre, parece que Ortega lo encontró triste y asemejó su melancolía a la de las casas donde se ha muerto un niño. El error radica, en uno y otro caso, en la generalización. Porque hay patios radiantes de luminosidad gozosa, y patios sombríos que acongojan por la carencia de luz y el recargamiento ornamental en el que el verde de las pilistras y filohendros luce oscuro. El secreto del patio al igual que el de la ciudad radica en la luz.

Aparte de sus ascendencias arquitectónicas y de su atmósfera, el patio representa una forma de vivir "*para adentro*", en el que el habitante de la morada se *retira* —no se encierra— desde la calle que continúa presente al decir de J. María Salaverría y Julián Marías. El patio, convertido actualmente en una dependencia para *mostrar*, era en tiempos pasados un lugar para *vivir*. Hoy ha perdido esa función y aparece más como escenario en el que no se representa nada. Es mera exhibición de un decorado. Tal ofrecimiento a los ojos extraños de parte de la casa nos lleva a establecer un paralelo entre el patio y la personalidad del sevillano. Este, no la sevillana, con facilidad suele abrirse al nuevo conocimiento personal y se entrega. Brinda de entrada el patio de su ser, reservándose otros recintos recónditos en los cuales entrarán contadas personas, los amigos. El patio, al igual que la caseta de feria, se exhibe al viandante cual regalo a los ojos, más existen unos aposentos ocultos o una trascaseta destinada a la diversión recatada con los allegados.

La gente sigue exornando los patios y el forastero va a verlos en la calle Abades, Teodosio o San Vicente. Antaño no había viajero que no mostrase sorpresa y entusiasmo por ellos, tan exóticos en otras latitudes. El extraño desconocía que el patio principal, zona de noble ingreso en unión del zaguán, conjuntamente con el patinillo trasero, facilitaba la entrada de unas corrientes de aire que refrescaban a las demás dependencias. Los viajeros lo consideran una especie de plaza pública, que recuerda al atrio pompeyano con más lujo; o lo llaman salón de verano donde el sol se modera con toldos de seda mojados para que de ellos descienda un frescor que se une al olor de las plantas y flores. La decoración antigua, oriental, se mezcla a la vegetación trepadora y al chorro despeñado de la fuente originando un ambiente "fantastique des Mille et une nuits". En el patio se recibe, se come, se toma el chocolate, se oye música, se baila, se duerme, se vive, en fin, una vida más agradable que en una habitación cerrada. En el patio todo el mundo se divierte sin hacer nada porque el aburrimiento no se conoce en una sociedad en la cual el descanso es en sí mismo un goce.

Ya nada de esto es así. Cernuda, lejos de la ciudad, añoró el de su casa que para él, en la lejanía, era ritmo adormecedor del agua, vela imponiendo una clara penumbra, languidez del ambiente, horas inmóviles y suspensas en el aire, sonido del piano... Una evocación hecha de murmullos de sonidos, luces y temperaturas. Esto sigue siendo asi en la reminiscencia nostálgica. Tampoco lo es el otro patio, el llamado patio o corral de vecinos: espacios más amplios, casi siempre rectangulares, cerrados por habitaciones-moradas de gente humilde que disponen de unos servicios y cocinas comunes. Los que quedan, en Triana por ejemplos, han visto desaparecer las fiestas —cruces de mayos— de un ayer lejano.

Si el patio es un compromiso entre la calle y las habitaciones interiores, el compás lo es entre la calle y la clausura conventual. Fue el compás un terreno en torno al monasterio en el cual la comunidad, por privilegio, ejercía jurisdicción al margen de la del Concejo. El de San Clemente incluía un amplio espacio con vecinos. Reducido a un patinillo —San Leandro, las Teresas—, a veces representados por un singular jardín —Santa Paula y las Mínimas de Triana—, el compás se muestra idóneo para esa función de "retirarse" rompiendo con la calle. Su paz y su quietud, anticipa el recogimiento de la clausura. Llegar hasta la calle de Santa Clara es llegar a otra Sevilla, y allí se esconden los extraordinarios compases de San Clemente y Santa Clara en cuyos silencios podemos pasear por el interior de nosotros mismos... Detrás quedan los "enemigos del alma", Mundo, Demonio y Carne, que no se atreven a entrar en estos cenobíticos ámbitos sobre los que llueve el tañido manso de una campana colgada de un espadaña. En semejantes lugares —los compases— conviene dejarse ir para estar por encima de todo, incluso de la tristeza de las cosas que fueron y ya no son.

XXXIX

LLAGAS, SANGRE Y CARIDAD

◇◇

Un anuncio en la prensa ha hecho que vuelva a recordar vivencias pasadas. Este anuncio insólito en que nada menos que la Mesa del Parlamento de Andalucía comunica la apertura de un período prudencial para que comparezcan aquellas personas que ostenten derechos sobre los enterramientos y lápidas del Hospital de las Cinco Llagas. Nos impresionaron e inspiraron hace ya años aquellas laudas sepulcrales en los caminos y salas del citado centro. Ahora, como para prolongar la historia pasada, instancias gubernamentales recaban la presencia de quienes se consideren herederos de los muertos y con derecho a aquellas lápidas bajo las que yacen.

¿Qué hacer con una lauda mortuoria? ¿Qué finalidad posee sin muertos? Si apenas nos dice algo el retrato de nuestros abuelos y acabamos vendiéndoselo al anticuario a no ser que tenga valor pictórico y hable con más lenguaje crematístico que sentimental. ¿Qué nos va a decir una fría plancha de mármol blanco que siempre asociamos con la muerte? Ni siquiera, creo, que alguien las reclame para aprovechar su material en otra función. Huelen a muertos.

Volviendo a contemplar estas lápidas nos entra cierta angustia al tomar conciencia de la poquedad de la vida y del olvido de que seremos objeto. Porque vivimos relegando la idea que el hombre nace para morir y para olvidar. Contemplamos y vivimos lo que nos acompaña considerándolo eviterno, sin detenernos a reflexionar que lo mismo creyeron los asirios de Babilonia, los egipcios de Luxor o los "sevillanos" de Itálica. Ruinas y objetivos de arqueólogos. ¿Lo serán mañana Nueva York o la Catedral de Sevilla? Casi lo ha sido este edificio-hospital de la sangre que sus fundadores quisieron construir "de tal calidad que se pueda tener y tenga por obra perpetua". Obra perpetua, Don Fadrique Enriquez de Ribera, hijo de doña Catalina, estaba tocado del ideal de fama y perennidad que aquejaba a los hombres del Renacimiento. Don Fadrique pretendía labrar un hospital en "sitio muy cumplido", con tal calidad de obra, que resistiese más allá de su muerte. Nadie hubiera sido capaz de vaticinarle en aquella segunda mitad del Quinientos el destino que se le adjudicaría al edificio en las postrimerías del siglo XX. Don Fadrique y doña Catalina unían Caridad y Fama. Realizaban aquella tremenda obra misericordiosa en alabanza de Dios y como méritos para la remisión de sus pecados y también buscando la pervivencia de su memoria: que se tenga por obra perpetua. Era una generosidad practicada no sólo con el fin de aliviar la suerte de una población que entonces era pobre en un 80 % del total, sino buscando merecimientos en función de un más allá que había que asegurarse en un más acá. Inundaciones, hambres y pestes se ensañaban con un mundo de "desflaquecidos y hambrientos", que semejaba existir para que los poderosos pudieran ejercer el desprendimientos buscando su propia salvación. Y junto con estos objetivos los anhelos de la permanencia, de no dejar ser. Subsistir en sólidas obras arquitectónicas o en suntuosos enterramientos. El eterno deseo del hombre: permanecer.

Durar en ese Hospital de las Cinco Llagas, y en esos sepulcros que los Ribera construyeron en el Monasterio de Santa María de las Cuevas recabando el arte de escultores italianos que labraron ricos mármoles. A semejanza del Hospital, aquel cenobio covitano, bien distante de los días en que Colón o Zurbarán soñaron en él, fue y dejó de ser, y pasó a ser, otras muchas cosas, que no convento de mística humanidad. Las tumbas de los Ribera, con estos cambios, acabaron decorando la Iglesia de la Anunciación, antigua Casa Profesa de la Compañía de Jesús, convertida en Panteón de Sevillanos Ilustres. El templo de mi juventud universitaria.

Una visita a él nos depara también la congoja de lo que fue y dejó de ser. Los enterramientos y laudas de Catalina de Ribera, Alberto Lista, hermanos Bécquer, Arias Montano, Francisco Mateos Gago, José María Izquierdo, etc. han huido dando paso a una nave desolada, más sepulcral que antes. Doña Catalina y demás compañeros ilustres peregrinaron hacia la cripta impulsados por esa constante del hombre que le lleva a olvidar y convertir en arqueología lo anterior. Pocos saben algo de todo esto. Doña Catalina de Ribera, que nos ha venido al recuerdo por unas lápidas que esperan herederos, desaparece y se esfuma en ese pasado de hospitales y sepulcros, haciéndose presente en nuestros días a través de un amplio jardín vecino a los del Alcázar y hermano de los de Murillo. Una fuente-monumento a Colón centra este rectángulo apacible y luminoso, que a veces se llena de niños, máxima expresión de lo que creemos que siempre va a durar. Pero la lección de la historia es implacable. Los niños dejarán de ser niños, y su mutación concluirá en el no ser físico. Cercano a este espacio de airosas palmeras, que cobijan risas infantiles y arrumacos de enamorados, tuvieron los almohades la deleitosa huerta de la Buhayra, con no menos esbeltas palmeras, árboles frutales, albercas y ensoñaciones humanas. Cuando ellos se fueron —los echaron más que se fueron—, el bellísimo parque de esparcimientos se llamó Huerta de Ben Alhoar y Huerta del Rey por haber pertenecido por vida al rey de Niebla Abenmafor a quien se la donó Alfonso X. Siguió siendo un lugar paradisíaco a través de distintos dueños que gozaron de sus vergeles y hasta de propia jurisdición. De los duques de Alcalá la propiedad pasó a los duques de Medinaceli. Precisamente don Fernando Enriquez de Ribera gustaba de rodearse allí de artistas e intelectuales que, sabedores de los siglos de historia que aquellos pensiles tenían, los disfrutaron en la creencia de que siempre serían. Hoy nada queda de ellos, tan sólo la referencia histórica.

Volvemos al sentimiento inicial. En esta ciudad, viva exaltación del presente en sus actitudes vitales, impera el concepto barroco del tiempo. Y es quizá por eso, por saber que el tiempo es disgregación, huida y muerte, por lo que hay un empeño para que todo sea presente aunque ello no constituye una acertada solución. Es mejor asignarle una finalidad al tiempo, un sentido a la vida, tal como también hicieron don Pedro Enriquez y doña Catalina de Ribera al practicar lo que Mañara —llegas, sangre y caridad— convertiría en la razón de ser de otro Hospital.

XL

UN PASEO INEVITABLE

◇◇

En ocasiones el tema se resiste por motivos que están en él o en el escritor. El extraño y solitario menester de la creatividad intelectual no siempre resulta placentero o fácil. Ofrece momentos dolorosos y difíciles, y uno de ellos es cuando por una falta de vivencias, de lenguaje apropiado o, incluso, de técnica adecuada, lo que deseamos expresar no acaba de plasmarse. Yo quería, era mi intención —lo es ahora que escribo; habrá dejado de serlo cuando alguien lea mis renglones— proponerle al lector un paseo hasta el Cementerio de San Fernando pasando por la Alameda de Hércules.

No es lo insólito del recorrido ni el posible encuentro con la muerte lo que se interpone entre mi pluma y el papel. Sé que no es eso, y también sé que ignoro cual es la razón. Vincular la Alameda con el Cementerio resulta hacedero si consideramos que al final todos terminaremos yendo al segundo. Desde la Alameda o desde cualquier otro sitio. Los hombres que habitan en la ciudad tienen el secreto convencimiento de una inevitable ligazón con el camposanto y, por irremediable, se le rehuye en el recuerdo. Nadie nos aconseja una visita al cementerio, ni siquiera para conocer las obras de Benlliure, Susillo o Frapolli.

Una ciudad es urbanismo y población; y su historia es la de aquel y la de esta en lo que ha sido y es. Una historia integral del Cementerio no ha de circunscribirse al estudio de su arquitectura y monumentos, sino que tendría que narrar también el cuando, porqué y como llegaron allí sus callados moradores. La historia de la Alameda no se limitará a recoger sus cambios urbanos y arquitectónicos, ni a exponer la vida prostibularia de una parte de sus habitantes. Han habido otros muchos residentes, algunos de ellos personajes en sagas referidas a dinastías de toreros, cantaores o bailaores, donde entran las angustias de la señora Gabriela, los cantes de los Ortega, los pases y taconeos del maestro Realito y el recuerdo de los Chicuelo.

La señora Gabriela, a pesar de los años transcurridos, continúa balanceándose en su mecedora aguardando el retorno de José y Rafael. Alterna el orgullo que le depara la imagen de sus hijos arrebolados de gloria y aplausos rendidos a su valor, con el temor y la tribulación que le produce cualquier presagio. Porque todo es vaticinio nefasto cuando se piensa en la muerte, y eso es lo que le sucede a la señora Gabriela en su vela infinita. Al arrullo de la mecedora le pone fondo musical unas voces que cantan y unos pies que taconean con sordina para no sobresaltar la espera.

Nosotros imaginando estas historias somos otras historias. Recreamos, explicamos e interpretamos como nos place lo que fue y lo que imaginamos que sigue siendo aunque ya no es. Pero invariablemente la historia de la ciudad ha sido y es la de los sevillanos desaparecidos y que no siempre pasaron a formar parte de las entrañas de la urbe de la misma manera ni con los mismos ritos. Hubo otras fosas y en otros sitios y a veces incluso, por ser ciudad populosa, careció de cementerio apropiado. Lo recuerda el almohade sevillano Ibn Abdun a comienzos del siglo XII, que clama contra el estado del cementerio y pide más enterramientos recordándole a quien se decida a tomar la iniciativa que hará méritos para después de su muerte, tal como si hubiera edificado una mezquita, cavado un pozo o reparado un puente. Ibn Abdun consideraba pequeño el cementerio para la población de Išbīliya y condenaba a los profanadores que construían letrinas a cielo abierto y no se recataban de beber vino y "cometer deshonestidades" sobre las sepulturas. Mozos apostados entre ellas acechaban el paso de las mujeres para seducirlas, junto con echadores de la buenaventura y vendedores más atentos a ver los rostros descubiertos de las féminas enlutadas. Lupanares y tumbas unidos sacrílegamente en la ira de Ibn Abdun, que pedía al cadí —¡Dios le asista¡— velar no sólo por los vivos sino por los muertos.

Nada de estos tiene que ver con el ambiente ordenado, bello y apacible del cementerio actual. Impera una dulcedumbre reposada cuya hontana permanece invisible. No se atisba lo macabro, ni siquiera lo sepulcral y mortuorio, pese a que nos rodean mausoleos y más mausoleos con un afirmativo y reiterativo "Aquí yace", "Aquí yace"... Hay un bullicio, más lejano que cercano, de pájaros, y un rumor de abejas. Sovoz cantan Manuel el del Bulto, Manolo Caracol y todos los Ortega. Con un murmullo de lloros, mujeres, hombres y niños, forman un solo hombro y conducen a Joselito dormido en el bronce de Benlliure. El pueblo lo lleva a enterrar, convencido por fin de su muerte al saber que la Macarena ha sido vestida de luto. Lo arrastran agobiados por una pena sin gestos ni llantos, serenamente. Y es que el entorno rezuma el aire de mieles que se escapa de la boca del Cristo de Susillo donde un panal ha fijado su morada.

Antonio Susillo puso fin a su vida (1896) cuando José Gómez Ortega (Joselito) nacía (1895). Dos vidas efímeras unidas por la tragedia y la leyenda. El torero murió con 25 años en una plaza, ante un toro, como tenía que morir para ser mito. El escultor, con 39 años, se encargó el mismo de truncar sus existencias cerrando una biografía misteriosa nunca aclarada. Nadie parece aguardar a Susillo, mientras que a José y a Rafael les sigue esperando la señora Gabriela, en tanto suavemente se oye un rumor de abejas y de sollozos.

XLI

PERDERSE EN SEVILLA

◇◇

Si algo hay tremendamente inútil en estas páginas de amor donde, rompiendo el habitual comportamiento del enamorado, queremos compartir nuestra musa y amada con los demás, es la estampa que sigue. Porque el supremo placer del paseante es ir descubriendo por si mismo plazas y calles, viviendo su ambiente, sin quizá, importarle mucho la historia. Además, el nunca olvidado Manolo Ferrand, nos legó un libro, *Las calles de Sevilla*, en el cual puede adentrarse cualquiera seguro de que encontrará un inmejorable compañero de paseo. Con garbosa y orfebreril prosa, Ferrand señala las notas de los barrios, las características de las calles, las placitas recoletas, las fachadas polícromas, la tiendecilla, la ojiva, el palacio, el jardín, el rótulo... Esos rótulos con letras romanas, capitales, cuya negrura resalta sobre azulejos blancos, tan de Sevilla.

Todo en la ciudad parece espontáneo, natural, al tiempo que da la impresión de intencionado, de falso. La calle Doncellas, entre Santa María la Blanca y Cruces, me da la sensación cada vez que paso por ella de caminar entre decorados. Y le digo a los míos: si viéramos esa calle en el cine exclamaríamos ¡qué remedo más teatral! Pero resulta que es real. La misma sensación recibimos al transitar por Abades o Aire, o por Leoncillos, allá por la Puerta Osario, a la que don Ramón Carande me llevó dos veces para evidenciarme el entusiasmo que le despertaba su limpieza, similar a la admiración que le producía "el árbol más bonito de Sevilla", el laurel de la India tal vez alimentado por yemas de San Leandro, que vive a la vera de este convento.

El reloj del Ayuntamiento hispalense es de siempre un hito de referencia para cualquier cita. A su frente y a sus espaldas, hay dos plazas muy distintas. Una regular con suelos de mármol; otra irregular con suelos de adoquines. Una con palmeras y naranjos; otra con dos solitarios laureles de la India y unos naranjos de acera. Una para *estar*; otra para *pasar*. Están los jubilados, los niños y sus cuidadoras; pasan todos los sevillanos y forasteros, uniendo la Avenida con Sierpes. La Plaza de San Francisco es el recinto viejo, de siempre; para autos de fe, ajusticiamientos, para fiestas de toros y cañas, para palcos o balcones que se alquilan desde donde ver discurrir las procesiones. En los viejos grabados firmados por Chapuy, Lewis o Vivian, esta plaza de múltiples nombres —reflejo de la historia política del país— posee unos soportales y una fuentc con un Mercurio. La fuente ha vuelto, y donde se hincaban las columnas de los soportales se clavan ahora naranjos. En su testero norte estuvo la cárcel de negras paredes, dándole la razón a Paul Morand que consideró el negro como el color preferido de los españoles ("L'Espagne a la deuil éclatant. Nigra sed formosa"). Por doquiera, en torno a ella, unos azulejos cervantinos evocan la escena que el inmortal autor situó allí, y que es como un breviario lírico para andar con Cervantes por Sevilla. La Plaza Nueva, por oposición a la vez de la otra, plaza isabelina, perdió hace tiempo la armonía arquitectónica de su entorno y una de las notas que debe poseer el ámbito concebido para *estar* y *pasear*: el sosiego. Le acosa un tráfago de autobuses, nervioso y excitante que no altera a San Fernando montado en quieto caballo, que más parece mula, ni a los chiquillos trepadores de su basamento, ni a las "clases pasivas" que hacen tertulia dentro de una mancha de sol o en la sombra de un naranjo.

Partiendo de estos espacios urbanos su acompañante le va a llevar por Sierpes, Sagasta, Jovellanos, Tetuán, Velázquez... Entre las plazas de San Francisco y Nueva, y La Campana y Plaza del Duque, se extiende una especie de alcaicería de nuestro tiempo. Colmenas humanas se desplazan sin cesar en horas claves, y se derraman por Méndez Núñez, San Eloy, Cuna, Franco y Puente y Pellón. Para el viandante las calles enseñan un rostro de balcones para abajo; un rostro difícil de contemplar despaciosamente porque la muchedumbre lo llena todo. Solo durante la noche y algunas horas de los domingos y de días veraniegos, es posible mirar lo que hay de balcones para arriba. Y entonces es posible encontrarse con algún toldo (vela en los patios de las casas) que defienden del sol e introducen un confortable frescor, haciéndonos creer que estamos en la cubierta de un velero. Son las velas de Sevilla, varada al costado de su río.

Su acompañante le ha ido explicando el origen de algunos nombres, recurriendo a la toponimia medieval o del Quinientos. No está de más saber donde comienza y termina Tetuán, ni comprobar que los hermosos rótulos de letras negras capitales romanas faltan con mucha frecuencia, produciendo dudas al desorientado buscador de una dirección. Tampoco está de más escuchar las disquisiciones sobre Sierpes (mentidero, lonja, bolsa, circo, teatro, vía dolorosa, vía pagana..., llamada así de una quijada del tal animal que colgaba en uno de los locales o de don Alvaro Gil de las Sierpres que en ella moró).

Pero una vez que Vd. sepa el origen de un nombre se encontrará que en lo dicho ya no habrá variaciones. En cambio, lo que siempre será distinto es la vida de las calles, según estaciones, según días, según horas. Centenares de años vienen sucediéndose los mercados dominicales de la Alfalfa y de cada jueves en la calle Feria. Las ventas de animales en uno, y de decenas de objetos y enseres, donde es factible el hallazgo de un libro, lienzo, porcelana, bronce, mueble, etc. apreciables en el otro, hacen de estos mercados-rastros un espectáculo repetido en las acciones, pero distinto en los actores.

Nuestra sugerencia: piérdase. Perderse en sus acepciones de errar el camino y conturbarse. Piérdase en el laberinto cercano al Postigo del Aceite. Piérdase en torno a la Plaza del Pan y de la Alfalfa. Piérdase en los aledaños a la Plaza del Pozo Santo, o de San Andrés. Piérdase en los dominios de San Leandro. Piérdase en las calles contíguas a la plaza de San Juan de la Palma cualquier día del año o un Domingo de Ramos o un jueves... y por Cabeza del Rey Don Pedro. Piérdase intentando encontrar Santa Paula por la Plaza de San Marcos. Piérdase buscando lo popular por la Plaza del Pumarejo. Vaya a San Vicente y San Lorenzo y piérdase queriendo saborear aires románticos. Piérdase, por favor, y no se pierda en la Plaza de las Mercedarias del barrio de San Bartolomé. Piérdase en Sevilla. Y no olvide lo que nos dijo Pedro Salinas en *Vísperas del Gozo*: "Había que andar por Sevilla, abandonado, como flotante en aguas invisibles de estos cauces secos, marchar sin adonde, querer ir, pero sin ninguna llegada, arrastrado por estas corrientes sin caudal... a la deriva. ¿Dónde estaría Sevilla? Sin duda por estas venas azules, por estas venas rosadas, que no tenían nombre de venas, sino de calles andaluzas —Aromo, Lirio, Escarpín—, se había de llegar a su corazón recóndito y difícil. Cada visión nueva era la aventura final, el último encantamiento, y, sin embargo, a cada visión se sustituía inmediatamente la de al lado, lo mismo que huye una nota de la cuerda donde nació, porque en la voluntad del ejecutante ya hay otra esperando, que la alcanza y la completa. Y era preciso que la imaginación juntase tal trozo de blanqueada pared, aquel zaguán, una cancela, con la perspectiva no suya —esta ya se había evadido—, sino de la casa vecina, y poniendo sobre todo esos balcones y terrazas ajenos y un cielo visible, pero convencional, reconstruyese idealmente lo que por angostura de la calle y rapidez de la marcha no cabía, verdadero, en la visión. Y por eso la ciudad, tan real, tenía un temblor de fantasmagoría, un inminente peligro de que al no poder tenerse juntos, arbitrariamente ensamblados en la imaginación todos aquellos fragmentos que en realidad estaban perfectamente unidos, se viniera todo abajo, en un terremoto ideal y pintarrajeado como los que se muestran con comentos de romances en los cartelones de la feria. Estaba viendo Sevilla y aún tenía que seguir imaginándola, y la ciudad le era, tan dentro de ella, algo incierto e inaprehensible como una mujer amada, producto de datos reales, pero dispersos y nebulosos, y unificadora, lúcida fantasía que los coordina en superior encanto".

Piérdase en Sevilla, por favor.

XLII

EL SEPIA PARA LA NOSTALGIA

◇◇

Hemos hablado de lo que fue y ya no es, y que, en ocasiones, erróneamente, consideramos mejor que lo que nos ha tocado vivir. También es posible aludir a lo que sigue siendo, aunque transformado, que es, claro, una manera de no ser. De no ser como era. Tal lo que sucede con nuestra propia persona, y con cualquier organismo vivo. La ciudad lo es.

Este último capítulo encierra algo de ello. Pero su texto lo ha de escribir quien haya venido leyendo hasta aquí. Habrá pues, tantos últimos capítulos como lectores. El autor solo facilitará las ilustraciones sacadas de unas viejas postales que compró a un anticuario de Lisboa. Ellas, con su color sepia inherente a su esencia, permanecerán, en tanto que cambiarán las consideraciones nacidas de su contemplación...

85. Sevilla típica
Plaza de Doña Elvira.

83. Sevilla.
Plaza del Pacífico.
PARIS

C. y A. / 1026. SEVILLA -- Plaza de l. Constitución

SEVILLA
18-4-902
PLAZA DE SAN FERNANDO
102 HAUSER Y MENET - MADRID

24. SEVILLA
TRIANA: PLAZA DEL ALTOZANO

SEVILLA
VISTA DESDE TRIANA
1241 Hauser y Menet.—Madrid

SEVILLA
LA FERIA
1249 Hauser y Menet.—Madrid

Núm. 8

Puestos de Turrón y Rifas

Sevilla.—Feria

R. Almela

C. y A. / 1C06. SEVILLA -- Vista parcial y Catedral

Sevilla - Calle Sierpes

1905 Colleccion M. Chaparteguy 28483

La Entrada de la casa de Pilatos Sevilla

1905 Stengel & Co., Dresde 28439

Sevilla. Ayuntamiento (fachada Monumental).

TITULOS PUBLICADOS EN LA COLECCION DE BOLSILLO

1. **Universidad 1969-1970 (Retorno)**
   Alberto García Ulecia
   68 págs.
2. **El intelectual y el toreo**
   Rafael Ríos Mozo
   85 págs. (2.ª edición)
3. **Ese difícil mundo del flamenco**
   Manuel Barrios
   89 págs.
4. **Narrativa andaluza: Doce diálogos de urgencia**
   José L. Ortiz de Lanzagorta
   211 págs.
5. **Sevilla Insólita**
   Francisco Morales Padrón
   280 págs. (5.ª edición)
6. **Folklore de las cofradías de Sevilla**
   Antonio Burgos
   149 págs. (4.ª edición)
7. **Andalucía, un mundo colonial**
   Alfonso Grosso
   84 págs.
8. **La novela popular en España: José Mallorquí**
   Juan F. Alvarez Macías
   196 págs.
9. **Sevilla, fortaleza y mercado**
   Ramón Carande Tovar
   212 págs. (2.ª edición)
10. **Perspectiva sobre Pío Baroja**
    Francisco López Estrada
    119 págs.
11. **Misión de la palabra**
    M.ª de los Reyes Fuentes
    142 págs.
12. **Impresiones, recuerdos de un paisaje**
    José A. Asenjo Sedano
    64 págs.
13. **Conversaciones con Manuel Halcón**
    Juan de Dios Ruiz Copete
    201 págs.
14. **Aproximaciones al teatro español**
    Juan Antonio García Barquero
    223 págs.
15. **Nuestros hermanos y otros relatos**
    Julio M. de la Rosa
    119 págs.
16. **El realismo y la novela actual**
    A. Bosch y M. García-Viñó
    139 págs.

17. **Sevilla del buen recuerdo**
Rafael Laffón
310 págs.
18. **Relatos vandaluces**
Carlos Muñiz-Romero
124 págs.
19. **Antología poética 1953-1970**
Rafael Guillén
242 págs.
20. **Esquinas y conventos de Sevilla**
Santiago Montoto
210 págs. (2.ª edición)
21. **Técnicas del relato y modo de novelar**
Feliciano Delgado
119 págs.
22. **Azorín, 100 años**
Varios autores
362 págs.
23. **Cine aquí y ahora**
F. Casado, J.F. Delgado, R. Utrera y J.I.G. Gutiérrez
249 págs.
24. **Las hermandades andaluzas: una aproximación desde la antropología**
Isidoro Moreno
111 págs.
25. **De la invasión islámica al estado continental (entre la creación y el ensayo)**
Claudio Sánchez Albornoz
176 págs. (2.ª edición)
26. **La guerra ha terminado**
Manuel Barrios
133 págs.
27. **Tauromaquia fundamental**
Rafael Ríos Mozo
255 págs.
28. **Sevilla: Complot del silencio**
Nicolás Salas
365 págs.
29. **Hoy por hoy (1.ª Antología)**
Alfonso Canales
195 págs.
30. **La prosa de Bécquer**
Arturo Berenguer Carisomo
160 págs.
31. **Orto y ocaso de Sevilla**
Antonio Domínguez Ortiz
192 págs. (3.ª edición)
32. **Manuel Machado. Prosa: El amor y la muerte y día por día de mi calendario**
Edición y estudio de J.L. Ortiz de Lanzagorta
220 págs.

33. **Manifiestos de Cuba**
Roberto Padrón Larrazábal
320 págs.

34. **La revolución rusa en el diario «ABC» de la época**
Alfonso Lazo
174 págs.

35. **Análisis de la juventud contemporánea**
Rafael Bohigues Sapena, S.I.
183 págs.

36. **Autobiografía de Blanco White**
Edición: Antonio Garnica
280 págs. (2.ª edición)

37. **El teatro del Exilio de Max Aub**
Angel A. Borrás
180 págs.

38. **El mercado en León y Castilla durante la Edad Media**
Luis G.ª de Valdeavellano
222 págs.

39. **Doce comentarios a la poesía de Antonio Machado**
Varios autores
240 págs.

40. **Temple nervioso y convivencia familiar**
Boris Luban-Plozza
320 págs.

41. **La experiencia del tiempo en la poesía de Antonio Machado**
Departamento de Lengua Española
143 págs.

42. **Antonio Machado, verso a verso**
Departamento de Literatura Española
252 págs.

43. **Para una lectura de Nicanor Parra**
Alvaro Salvador Jofre
238 págs.

44. **El seductor**
Soren Kierkegaard y Pedro Antonio Urbina
432 págs.

45. **Sondeo en "Luces de Bohemia" primer esperpento de Valle Inclán**
Carlos Alvarez Sánchez
129 págs.

46. **Del Támesis al Guadalquivir. (Antología de viajeros ingleses en la Sevilla del siglo XIX)**
José Alberich
256 págs.

47. **Cofradías sevillanas**
Santiago Montoto
202 págs.

48. **Tres imágenes de José Cadalso: El crítico, el moralista y el creador**
June K. Edwards
145 págs.

49. **Historia de Sevilla. La ciudad medieval (1248-1492)**
Miguel Angel Ladero Quesada
246 págs. (2.ª edición)

50. **Historia de Sevilla. El barroco y la ilustración**
Antonio Domínguez Ortiz y Francisco Aguilar Piñal
294 págs.

51. **Historia de Sevilla. Del antiguo al nuevo régimen**
José Manuel Cuenca Toribio
241 págs. (3.ª edición)

52. **Sevilla, crónicas del siglo XX**
Nicolás Salas
476 págs.

53. **Las confesiones de Antonio Mairena**
Edición preparada por Alberto García Ulecia
188 págs.

54. **Relaciones de literatura medieval**
Francisco Márquez Villanueva
168 págs.

55. **La restauración como experiencia histórica**
José Luis Comellas
202 págs.

56. **La estructura del Quijote**
Knud Togeby. Edición y traducción: Antonio Rodríguez Almodóvar
136 págs.

57. **La ciudad**
Manuel Chaves Nogales
200 págs.

58. **Historia de Sevilla. La ciudad del quinientos**
Francisco Morales Padrón
360 págs. (2.ª edición)

59. **Estudio de derecho electoral contemporáneo**
Manuel Giménez Fernández
340 págs.

60. **3. Luis Cernuda**
Jaime Gil de Biedma, Juan Gil Albert y Luis Antonio de Villena
156 págs.

61. **Fueron así tus días y los míos**
Jorge Ferrer Vidal Turull
170 págs.

62. **Andalucía en la generación del 27**
Departamento de Literatura Española
242 págs.

63. **Poetas y algo más**
Antonio Gallego Morell
380 págs.

64. **El Carambolo**
J. de M. Carriazo
180 págs.

65. **Divagando por la ciudad de la gracia**
José M.ª Izquierdo
404 págs.

66. **Biografía de un campesino andaluz.**
(La historia oral como etnografía)
Alfredo Jiménez Núñez
214 págs.

67. **El léxico caló en el lenguaje del cante flamenco**
Miguel Ropero Núñez
224 págs.

68. **Antología poética**
Julio Mariscal
160 págs.

69. **Pluralismo, regionalismo, municipalismo**
José F. Lorca Navarrete
170 págs.

70. **Los poderosos de la literatura. (Crítica literaria e industrial cultural)**
Editado por Rodolfo Quadrelli
108 págs.

71. **Rey de Roma y otros relatos de monseñor Jesús Hernández**
Carlos Rojas
155 págs.

72. **El drama de la verdad en Manuel Azaña**
José Montero
259 págs.

73. **La pintura costumbrista en Sevilla. 1830-1870**
Antonio Reina Palazón
251 págs.

74. **El derecho civil y el proletariado**
Giuseppe Salvioli. Edición de Bartolomé Clavero
148 págs.

75. **El pensamiento político del despotismo ilustrado**
Luis Sánchez Agesta
365 págs.

76. **José Laguillo, Memorias: 27 años en la dirección de «El Liberal» de Sevilla (1909-1936)**
Edición de Alfonso Braojos
370 págs.

77. **Universo de pueblo**
Mario López
170 págs.

78. **Sombra apasionada**
Joaquín Romero Murube
103 págs.

79. **Historia de Sevilla: La ciudad antigua. De la prehistoria a los visigodos**
Antonio Blanco Freijeiro
212 págs., 10 láms. (2.ª edición)

80. **Los movimientos revolucionarios europeos**
José Andrés Gallego
221 págs.

81. **La revista «Mediodía» de Sevilla**
Danielle Musacchio
230 págs.

82. **La Andalucía de Valera**
Rafael Porlán
180 págs.

83. **En torno a los orígenes de Andalucía: la repoblación del siglo XIII**
Manuel González Jiménez
215 págs. (2.ª edición)

84. **La viña y los surcos**
Giovanni Allegra
376 págs.

85. **Miguel Mañara**
Francisco Martín
218 págs.

86. **La muerte**
Sebastián García Díaz
140 págs.

87. **Los años irreparables**
Rafael Montesinos
170 págs.

88. **Cuentos de medio ambiente**
Bernardo V. Carande
220 págs.

89. **Modernismo y 98 frente a cinematógrafo**
Rafael Utrera
276 págs.

90. **Historia de Sevilla. Siglo XVIII**
Francisco Aguilar Piñal
380 págs. (2.ª edición)

91. **Reflexión de la literatura**
Jorge Urrutia
256 págs.

92. **Historia de Sevilla. La Sevilla islámica**
Jacinto Bosch Vilá
416 págs., 6 láms., 4 gráfs. (2.ª edición)

93. **Historia de Sevilla. La Sevilla del siglo XVII**
Antonio Domínguez Ortiz
329 págs. (3.ª edición)

94. **Sevilla desde Triana. En el dibujo de Vicente Flores**
Fausto Botello de las Heras, Julio Martínez Velasco, Manuel Olmedo Sánchez y Juan Tribuna. Prólogo: V. Flores Luque
235 págs., ils. color

95. **Literatura popular y proletaria**
Varios autores
296 págs.

96. **Guía Sentimental de Sevilla**
Francisco Morales Padrón
188 págs.